원서발췌
안씨가훈

고전 명작을 읽는 가장 쉬운 길,
'지식을만드는지식 원서발췌'

축약, 해설, 리라이팅이 아닙니다. 원전의 핵심 내용을 문장 그대로 가져옵니다. 작품의 오리지낼리티를 가감 없이 느낄 수 있습니다.
두껍고 읽기 어려워 책장을 덮어 버리곤 했던 고전을 발췌합니다. 해당 작품을 연구한 전문가가 작품의 정수를 가려 뽑아냅니다. 핵심만 읽기 때문에 더 빠르게 더 많은 고전을 읽을 수 있습니다. 제외된 부분은 중간중간 친절하게 요약 설명합니다. 풍부한 해설과 주석으로 전체 내용을 파악하는 데 무리가 없습니다. 정확한 번역, 적절한 윤문으로 10대에서 80대까지 누구나 쉽게 읽을 수 있습니다. 콤팩트한 사이즈와 분량이므로 간편하게 휴대할 수 있습니다. 수천 쪽의 고전을 발췌된 내용으로 읽고도 전체 의미를 파악할 수 있는 것이 지식을만드는지식 원서발췌의 매직입니다. 발췌율은 표지에 표시하고 발췌 방법은 일러두기에 상세히 밝힙니다.
고전 독자를 발췌 읽기에서 완역 읽기로, 더 나아가 원전 읽기로 안내합니다. 바쁜 현대인들에게 새로운 고전읽기 방법을 제시합니다.

원서발췌
안씨가훈

顔氏家訓

안지추(顔之推) 지음
박정숙 옮김

대한민국, 서울, 지식을만드는지식, 2025

편집자 일러두기

- 이 책은 2002년 북경(北京) 중화서국(中華書局)에서 증보해 출판한 왕리치(王利器)의 《안씨가훈집해(顔氏家訓集解)》를 저본으로 삼아 번역했습니다.
- 원전의 약 40% 정도를 발췌했습니다.
- 독자의 편의를 위해 번역문과 원문을 나란히 실었습니다.
- 주석은 내용의 이해를 돕기 위해 옮긴이가 붙인 것입니다.
- 괄호 안의 말과 바깥 말의 독음이 다를 때, 괄호가 중복될 때에는 [ ]를 사용했습니다.
- 이 책은 2010년 8월 4일 한정판 '고전선집' 시리즈로 처음 출간했습니다. 2019년 1월 18일 표지를 바꿔 '천줄읽기' 시리즈로 다시 출간했다가 이번에 '원서발췌' 시리즈로 옮겨 출간합니다.

차례

안씨가훈

서치(序致) : 서문

성현의 서적에는 사람들에게 충효를 가르치고, 말을 삼가고 행동을 자제하게 하며, 공적을 세워 이름을 드날리게 하는 것이 이미 완비되었다. 위진 이래로 지어진 여러 학자의 서적은 사리(事理)가 중복되고 서로 간에 모방해서, 지붕 아래 지붕을 더하고 침대 위에 침대를 쌓아 올린 것과 같다. 내가 지금 거듭해서 이 책을 쓰는 것은 감히 세상의 규범이 되고자 함이 아니요, 집안을 바르게 해 자손을 깨우치고자 함이다. 똑같은 말인데 믿는 것은 가까운 사람의 말을 믿어서요, 똑같은 명령인데 행하는 것은 마음으로 따르는 사람의 명령을 실행하기 때문이다. 어린아이의 난폭을 금지시키는 데에는 스승의 권고가 시종의 지시만 못하다. 형제 사이의 투쟁을 그만두게 하는 데에는 요순의 도가 아내의 훈계만 못하다. 나는 이 책이 너희들이 믿는 바가 되어서 시종이나 아내보다 낫기를 바라노라.

夫聖賢之書, 敎人誠孝[1], 愼言檢迹[2], 立身揚名, 亦已備

---

1) 誠孝(성효) : '충효(忠孝)'의 의미. 수(隋)나라 문제(文帝) 양견(楊堅)

矣. 魏晉已來, 所著諸子, 理重事複, 遞相模斆[3], 猶屋下架屋, 牀上施牀[4]耳. 吾今所以復爲此者, 非敢軌物範世[5]也, 業以整齊門內, 提撕[6]子孫. 夫同言而信, 信其所親; 同命而行, 行其所服. 禁童子之暴謔, 則師友之誡不如傅婢之指揮; 止凡人之鬪鬩[7], 則堯舜[8]之道不如寡妻[9]之誨諭. 吾望此書爲汝曹之所信, 猶賢於傅婢寡妻耳.

의 부친 양충(楊忠)의 이름을 피휘해 '충(忠)'을 '성(誠)'으로 바꾸었다.

2) 檢迹(검적) : 언행을 조심해 제멋대로 하지 않음.

3) 模斆(모효) : 모방. '효(斆)'는 '효(效)'와 같은 글자.

4) 屋下架屋, 牀上施牀(옥하가옥, 상상시상) : 육조(六朝) 및 수당(隋唐) 시대의 상용어로, 아무 필요도 없이 중복됨을 비유. '첩상가옥(疊牀架屋)'으로 쓰기도 함.

5) 軌物範世(궤물범세) : 세상 사람들의 언행에 규범이 되다.

6) 提撕(제시) : 끌어당기다. 깨우치다.

7) 鬪鬩(투혁) : 형제끼리의 싸움.

8) 堯舜(요순) : 중국 고대의 전설 속 성군(聖君). 요는 제곡(帝嚳) 고신(高辛)의 후손으로 성은 이름이 방훈(放勳)이고 도당(陶唐) 지역을 다스려 '도당씨(陶唐氏)'라고도 함. 순은 전욱(顓頊) 고양(高陽)의 후손으로, 이름이 중화(重華)이며 우(虞)나라를 다스려 '유우씨(有虞氏)'라고도 함.

9) 寡妻(과처) : 정실부인을 가리킴.

우리 집안의 가풍은 본래부터 면밀하다. 옛날 어릴 적에 가르침을 받기를, 매일 두 형을 따라 아침저녁으로 부모님을 봉양해 겨울은 따뜻하고 여름은 시원한지를 살피며, 행동을 절제하고 말과 얼굴빛을 평온히 하고 걸음걸이를 온화하게 하는 것이 조정의 위엄 있는 군주에게 문안을 드리는 것과 같았다. 어른들은 격려의 말을 전하고 좋아하는 것을 물으며 단점을 격려하고 장점을 끌어내 독려하지 않는 것이 없었다. 아홉 살이 되었을 때 부친을 잃는 어려움을 당하자 가도가 무너지고 온 식구가 흩어졌다. 자애로운 형이 나를 보살피며 고통이 극진했는데, 인자하되 위엄이 없어 훈도가 절실하지는 못했다. 비록《주례》,《좌전》을 읽고 글짓기를 조금 좋아했지만, 자못 보통 사람들에게 물이 들어서 제멋대로 욕심을 부리고 말을 가벼이 하며 용모를 가다듬지 않았다. 19세가 되어서 품행을 가다듬을 줄 알았으나, 습관이 천성처럼 되어 끝내 씻어 내기가 어려웠다. 20세 이후에는 큰 잘못이 드물게 되었는데, 매번 입에서 나오는 말을 마음속으로 억제했지만 이성이 감성과 충돌해 밤에 낮의 잘못을 깨닫고 오늘에야 어제의 실수를 후회하며, 교육을 받지 못한 것을 스스로 애석해하다 지금에 이르게 되었다. 평소의 가르침을 되새겨 뼛속 깊이 새겼지만, 고서의 훈계가 아니라면 눈으로 보고 귀로

흘러들을 뿐이므로 이에 20편을 남겨 너희의 교훈이 되고 자 하노라.

吾家風教[1], 素爲整密. 昔在齠齔[2], 便蒙誘誨; 每從兩兄[3], 曉夕溫凊[4], 規行矩步,[5] 安辭定色,[6] 鏘鏘翼翼,[7] 若朝嚴

---

1) 風教(풍교) : 여기서는 가풍을 가리킴. '풍(風)'은 '가르치다'라는 의미.

2) 齠齔(초츤) : 아이의 젖니가 빠지고 영구치가 나는 것. 아동기를 비유. 《한시외전(韓詩外傳)》 권1에 의거하면, "남자는 8개월째 이가 생겨 8세 때 젖니를 갈고, 여아는 7개월째 이가 생겨 7세 때 젖니를 간다(男八月生齒, 八歲而齠齒. 女七月生齒, 七歲而齔齒)"라고 했다.

3) 兩兄(양형) : 안지추의 두 형. 《남사(南史) · 안협전(顔勰傳)》에는 안협의 아들로 지의(之儀), 지추 두 형제가 있다고 되어 있지만, 당나라 때 안진경(顔眞卿)이 편찬한 〈안씨가묘비(顔氏家廟碑)〉, 〈안함대종비명(顔含大宗碑銘)〉에 의거하면 지추에게는 동생 지선(之善)이 있었다고 한다. 이에 두 형이라 함은 정확하게 누구인지 불분명하다. 근래 왕리치 선생은 지추에게 또 다른 형이 있었으나 일찍 죽었으므로 두 형이라고 칭했을 수도 있다고 추정했다.

4) 溫凊(온청) : '동온하청(冬溫夏凊)'의 줄임말. 옛날 부모를 섬길 때에는 그 자리가 겨울에는 따뜻하고 여름에는 시원한지를 살펴야 했다.

5) 規行矩步(규행구보) : 행동이 법도에 맞음. 규(規)는 일종의 컴퍼스, 구(矩)는 곱자를 가리키는데, 이를 사용하지 않으면 네모와 원을 정확하게 그릴 수 없기에 일반적으로 규칙, 표준, 법칙 등을 비유하는 말로 사용된다.

君焉. 賜以優言, 問所好尙, 勵短引長, 莫不懇篤. 年始九歲, 便丁[8]荼蓼[9], 家塗[10]離散, 百口[11]索然[12]. 慈兄鞠養, 苦辛備至, 有仁無威, 導示不切. 雖讀禮, 傳[13], 微愛屬文[14], 頗爲凡人之所陶染, 肆欲輕言, 不修邊幅[15]. 年十八九, 少知砥礪[16], 習若自然,[17] 卒難洗盪. 二十已後, 大過

---

6) 安辭定色(안사정색) : 말과 얼굴빛을 편안하고 바르게 하는 것은 예의의 근본이다.

7) 鏘鏘翼翼(장장익익) : 걸음걸이가 공손한 모양.

8) 丁(정) : '당(當)'과 같은 글자로 '만나다', '당하다'의 의미.

9) 荼蓼(도료) : 쓴 풀의 일종으로 고생을 비유하는데, 여기서는 부친이 돌아가신 것을 가리킨다.

10) 家塗(가도) : '가도(家道)'를 일컫는 것으로, '집안의 법도'를 나타낸다.

11) 百口(백구) : 가족의 친족.

12) 索然(색연) : 다하여 없어지는 모양.

13) 禮(예), 傳(전) : 《주례(周禮)》, 《춘추좌씨전(春秋左氏傳)》을 가리킴. 《북제서(北齊書) · 안지추전(顏之推傳)》에 의거하면, 안씨 집안은 대대로 《주관(周官)》과 《좌씨(左氏)》에 능통했는데, 안지추는 어려서부터 이 가학을 전수받아 계승했다.

14) 屬文(속문) : 글자를 이어 문장을 짓다.

15) 邊幅(변폭) : 가장자리. 사람의 겉모습, 차림새, 분위기 등을 비유.

16) 砥礪(지려) : 돌을 갈다. 절차탁마하다.

17) 習若自然(습약자연) : 습관이 천성처럼 되다.

稀焉; 每常心共口敵[18], 性與情競,[19] 夜覺曉非, 今悔昨失, 自憐無敎, 以至於斯. 追思平昔之指[20], 銘肌鏤骨,[21] 非徒古書之誡, 經目過耳也. 故留此二十篇, 以爲汝曹後車[22]耳.

---

18) 心共口敵(심공구적) : 말은 내뱉기 쉬우므로 마음을 다해 그것을 제어해야 한다.

19) 性與情競(성여정경) : 이성과 정감은 서로 충돌하다.

20) 指(지) : '지(旨)'와 통하는 글자로, '뜻'을 의미한다.

21) 銘肌鏤骨(명기누골) : 감명이 깊어서 가슴 깊이 새겨 영원히 잊지 못하다.

22) 後車(후거) : '뒤를 이은 수레'라는 뜻으로, 앞차가 뒤집히는 것을 보고 뒤따르는 차가 교훈을 삼는다는 의미에서 선대의 잘못을 경계해 교훈을 삼는 것을 비유한다.

교자(敎子) : 자식 교육의 방법

지혜가 뛰어난 사람은 가르치지 않아도 훌륭한 사람이 되고, 우둔한 사람은 비록 가르침을 받으나 쓸모가 없으며, 평범한 사람은 가르치지 않으면 사리를 모른다. 옛날 현명한 군왕에게는 태교 방법이 있었다. 왕후가 임신한 지 3개월째 되면 별궁으로 나가서 거처하고, 사악한 것을 보지 않고, 망령된 것을 듣지 않으며, 음악과 음식은 예에 따라 절제한다. 태교의 방법을 옥판에 적어서 금궤에 보관했다. 아이가 태어나 강보에 싸여 있지만, 사부는 효·인·예·의의 도리를 진실로 밝혀 가르친다. 일반 백성은 이와 같을 수는 없지만, 유아가 사람의 낯빛을 알아보고 사람의 감정을 알게 되면 곧 교육을 하게 되므로, 어른이 하라고 하면 하게 되고 그만두라고 하면 그만두게 된다. 이렇게 해서 어느 정도 자라면 매를 들어 벌하는 일을 줄일 수 있다. 부모가 엄하면서도 자애가 있으면 자녀는 두려워 삼가면서 효심이 생겨난다. 나는 세간에 자식을 교육하지는 않고 사랑하기만 해서 매번 이와 같지 못함을 보았다. 음식이나 말과 행동이 그 하고 싶은 대로 제멋대로라면 마땅히 훈계해야 할진대 도리어 칭찬하고, 마땅히 야

단쳐야 할진대 도리어 웃으며, 철이 들면 법도가 그렇게 될 것이라고 한다. 교만이 이미 몸에 배었는데, 그때서야 다시 그것을 규제하고자 매를 들어 죽도록 때린다 해도 위엄을 세울 수 없으며, 분노가 날마다 늘어나고 원망도 늘어나므로 다 성장해서는 끝내 도덕을 그르치게 될 것이다. 공자가 "어릴 때 양성된 습관은 천성과 같고, 습관은 자연과 같다"고 한 것은 이런 까닭이다. 속언에서 "며느리는 막 시집왔을 때 가르치고, 아이는 어릴 때 가르쳐야 된다"고 했으니, 이 말이 참되도다!

上智不教而成, 下愚雖教無益, 中庸之人, 不教不知也. 古者, 聖王有胎教之法: 懷子三月, 出居別宮, 目不邪視, 耳不妄聽, 音聲滋味, 以禮節之. 書之玉版, 藏諸金匱. 生子咳提[1], 師保[2]固明孝仁禮義, 導習之矣. 凡庶[3]縱不能爾, 當及嬰稚, 識人顏色, 知人喜怒, 便加教誨, 使爲則爲, 使止則止. 比及數歲, 可省笞罰. 父母威嚴而有慈, 則子女畏慎而生孝矣. 吾見世間, 無教而有愛, 每不能然; 飲食運爲[4], 恣其所欲, 宜誡翻獎, 應訶反笑, 至有識知, 謂法當

1) 咳提(해시) : 강보에 싸인 영아를 가리킴.

2) 師保(사보) : 고대 황실의 귀족 자제의 교육을 책임지는 관원.

3) 凡庶(범서) : 보통 사람.

爾. 驕慢已習, 方復制之, 捶撻至死而無威, 忿怒日隆而增怨, 逮于成長, 終爲敗德. 孔子云: “少成若天性, 習慣如自然”是也. 俗諺曰: “敎婦初來, 敎兒嬰孩.” 誠哉斯語!

4) 運爲(운위) : 말과 행동. ‘운(運)’은 ‘운(云)’과 통하는 글자.

대개 자녀를 교육할 수 없는 사람일지라도 역시 그들이 죄악에 빠지지 않도록 하고자 한다. 그러나 엄하게 꾸짖는 것이 어려운 것은 얼굴을 상하게 하기 때문이요, 차마 매를 들지 못하는 것은 피부를 상하게 하기 때문이다. 질병으로 비유를 하자면, 어찌 탕약이나 침과 뜸을 사용하지 않고 치료할 수 있겠는가. 마찬가지로 마땅히 자녀를 엄하게 가르치고자 애쓰는 사람이 어찌 골육을 가혹하게 하고자 하겠는가. 참으로 부득이하기 때문이다.

凡人不能敎子女者, 亦非欲陷其罪惡; 但重[1]於訶怒. 傷其顏色, 不忍楚[2]撻慘其肌膚耳. 當以疾病爲諭, 安得不用湯藥鍼艾[3]救之哉? 又宜思勤督訓者, 可願[4]苛虐於骨肉乎? 誠不得已也.

1) 重(중) : '난(難)'과 통하는 글자로, '어렵다'는 의미.

2) 楚(초) : 가시나무. 옛날에는 회초리로 사용.

3) 艾(애) : 뜸쑥.

4) 可願(가원) : '기원(豈願)'으로 된 곳도 있음.

부친은 자식에게 위엄이 있어야지 너무 허물이 없을 수 없고, 골육 간에는 사랑이 있어야지 소원할 수 없다. 소원하면 자애와 효도가 이어지지 아니하고, 너무 허물이 없으면 태만이 생겨나게 된다. 관직을 받은 선비 이상부터는 부자가 떨어져 거처하는 것이 너무 경솔하지 않게 되는 도리다. 아픈 곳을 주물러 드리고 이부자리를 정리해 드리는 것이 소원하지 않게 되는 교훈이다. 혹자가 "진항은 군자가 자식을 멀리한다는 것을 듣고 좋아했는데, 무슨 까닭입니까?"라고 물었다. 나는 이렇게 대답했다. "이는 도리가 있노라. 대개 군자가 자식을 직접 가르치지 않는 것은《시경》에는 풍자의 말이 있고,《예기》에는 꺼림이 있는 훈계가 있으며,《서경》에는 패도의 일이 있고,《춘추》에는 음란한 비방이 있으며,《역경》에는 각종 기물의 형상이 있으니, 모두 부자간에 할 수 있는 말이 아니므로 친히 가르치지 않는 것이다."

父子之嚴, 不可以狎; 骨肉之愛, 不可以簡. 簡則慈孝不接, 狎則怠慢生焉. 由命士[1]以上, 父子異宮, 此不狎之道也; 抑搔癢痛, 懸衾篋枕, 此不簡之敎也. 或問曰: "陳亢[2]喜聞

1) 命士(명사) : 관직을 받은 선비.《한서(漢書) · 왕망전(王莽傳)》에 보면, 식록(食祿)이 500석이 되는 관리를 명사라 했다.

君子之遠其子, 何謂也?" 對曰: "有是也. 蓋君子之不親教其子也, 詩[3]有諷刺之辭, 禮[4]有嫌疑之誡, 書[5]有悖亂之事, 春秋[6]有褒僻之譏, 易[7]有備物之象: 皆非父子之可通言, 故不親授耳."

---

2) 陳亢(진항) : 공자의 제자. 자(字)는 자금(子禽). 진항이 공자의 아들 백어(伯魚)에게 공자에게 달리 배운 것이 있는지를 물었으나, 공자가 아들을 직접 가르치지 않고 멀리했음을 알고 기뻐했다. 《논어(論語) · 계씨(季氏)》 참조.

3) 詩(시) : 《시경(詩經)》을 가리킴. 중국의 가장 이른 시가집으로 춘추 시대에 편성되었다. 모두 305편이며, 풍(風) · 아(雅) · 송(頌)으로 분류되어 있다. 오경(五經)의 한 경전이다.

4) 禮(예) : 《예기(禮記)》를 가리킴. 오경의 한 경전. 49편으로 되어 있으며, 고대의 예에 관한 여러 가지 설을 수록한 책.

5) 書(서) : 《서경(書經)》를 가리킴. 오경의 한 경전. 58편으로 되어 있으며, 중국 요임금과 순임금 때부터 주나라에 이르기까지의 정사(政事)에 관한 문서를 수집하여 편찬한 책. 공자가 정리해 편성했다고 함.

6) 春秋(춘추) : 오경의 한 경전. 춘추 시대 노나라 은공(隱公) 원년(BC 722)에서 애공(哀公) 14년(BC 481)까지의 사적을 연대순으로 기록한 편년체 역사서. 공자가 노나라 사관이 편찬한 것을 정리, 수정해 편찬했다고 함.

7) 易(역) : 《주역(周易)》을 가리킴. 오경의 한 경전. 동주 시대 편찬. 세계의 변화에 관한 원리를 기술한 책으로, 고대인의 우주론적 철학이 담겨 있다.

북제의 한 사대부가 일찍이 나에게 이렇게 일러 말했다. "나에게 아들이 하나 있는데 이미 17세로 자못 서신에 밝기에 그에게 선비족의 말과 비파 연주를 가르쳐서 점차 이해하도록 해, 이런 재주로써 공경대부를 모시면 총애하지 않는 사람이 없을 것이니, 이 또한 중요한 일이지요." 나는 당시 고개를 숙이고 대답하지 않았다. 다르구나, 이 사람이 자식을 가르침은! 만약 이런 일을 해야 재상이 될 수 있다면 너희는 그것을 하지 않기를 바란다.

齊朝[1]有一士大夫, 嘗謂吾曰: "我有一兒, 年已十七, 頗曉書疏[2], 教其鮮卑語及彈琵琶, 稍欲通解, 以此伏事[3]公卿, 無不寵愛, 亦要事也."[4] 吾時俛[5]而不答. 異哉, 此人之教子也! 若由此業, 自致卿相, 亦不願汝曹爲之.

---

1) 齊朝(제조) : 북제(北齊)를 가리킴. 중국 남북조 시대에 한족화한 선비족(鮮卑族) 고씨(高氏)가 세운 왕조.

2) 書疏(서소) : 문서, 편지.

3) 伏事(복사) : '복사(服事)'. '모시다', '섬기다'의 의미. 고대 하급 관리는 상급자를 보면 땅에 엎드려 인사를 함으로써 공경을 표시했다.

4) 북제의 창건자 고씨는 선비의 풍속을 숭상했으므로, 선비족 말을 잘하고 비파를 잘 타는 사람은 관리로 중용되는 지름길이었다.

5) 俛(면) : '부(俯)'와 같은 글자로, '구부리다'의 의미.

형제(兄弟) : 형제의 우애

형제가 화목하지 않으면 자식과 조카 간에 우애가 있지 않고, 자식과 조카 간에 우애가 있지 않으면 집안의 자제들이 멀어지며, 집안의 자제들이 멀어지면 노복들이 원수같이 될 것이다. 이와 같으면 길 가는 사람들이 모두 그들을 깔보고 함부로 대할지니 누가 그들을 구원해 주겠는가. 사람들은 간혹 천하의 선비들과 교류하며 즐거워하면서 형에 대한 공경을 잃어버리니, 어찌하여 많은 사람에게는 할 수 있으면서 소수의 사람에게는 하지 못하는 것인가! 사람들은 간혹 수만의 군사를 이끌어 사력을 다해 싸우도록 하면서 아우에게는 은혜를 배반당하니, 어찌 소원한 사람들에게는 할 수 있으면서 친한 사람에게는 할 수 없는 것인가!

兄弟不睦, 則子姪不愛; 子姪不愛, 則羣從疏薄; 羣從疏薄, 則僮僕爲讎敵矣. 如此, 則行路[1]皆踖其面而蹈其心, 誰救之哉? 人或交天下之士, 皆有歡愛, 而失敬於兄者, 何其能多而不能少也! 人或將數萬之師, 得其死力, 而失恩於弟

1) 行路(행로) : 길을 가는 나그네.

者, 何其能疏而不能親也!

동서 사이는 다툼의 여지가 많다. 혈육이 함께 살도록 하는 것은 각기 도처로 떨어지게 하는 것보다 못하니, 서리와 이슬이 내리는 것에 흐느껴 서로 그리워하고, 해와 달이 뜨고 지는 것을 우두커니 바라보며 서로를 생각한다. 하물며 낯선 사람이 다툼의 여지가 많은 곳에 처하게 되면, 간극이 없는 사람은 드물 것이다. 이와 같은 까닭은 공무를 처리함에 사사로운 감정으로 집행하고, 중책을 맡아서는 얕은 정리를 품고 있기 때문이다. 만약 자기에게 관대하듯이 남에게 행하고, 형제의 자녀를 자신의 자녀처럼 사랑한다면 이런 근심은 생기지 않을 것이다.

娣姒者, 多爭之地也, 使骨肉居之, 亦不若各歸四海, 感霜露而相思, 佇日月之相望也. 況以行路之人, 處多爭之地, 能無閒者鮮矣. 所以然者, 以其當公務而執私情, 處重責而懷薄義也; 若能恕己而行, 換子而撫,[1] 則此患不生矣.

---

1) 換子而撫(환자이무) : 형제의 아이를 자신의 아이와 같이 대한다.

사람이 형을 공경하는 것이 어버이를 섬기는 것과 같지 못하면서, 어찌 아우를 사랑하는 것이 자식을 사랑하는 것에 미치지 못함을 원망하는가. 이는 자신을 돌아보고 부족함을 잘 알지 못하기 때문이다. 패국의 유진은 일찍이 형 유환과 담장을 사이에 두고 살았는데, 형이 몇 차례 불렀는데도 대답이 없다가 한참이 지나서야 대답했다. 형이 그를 나무라며 물으니, "조금 전에는 의복을 제대로 입지 못한 까닭입니다"라고 대답했다. 이렇게 형을 섬기니, 형이 아우를 사랑하는 것이 자식을 사랑하는 것에 미치지 못한다는 원망을 면할 수 있었다.

人之事兄, 不可同於事父, 何怨愛弟不及愛子乎? 是反照而不明也. 沛國[1]劉璡[2], 嘗與兄瓛[3]連棟隔壁, 瓛呼之數聲不應, 良久方答; 瓛怪問之, 乃曰: "向來[4]未着衣帽故

---

1) 沛國(패국) : 지금의 안후이성(安徽省) 쑤이시현(濉溪縣) 서북쪽 지역.

2) 劉璡(유진) : 유환(劉瓛)의 동생. 자는 자경(子璥). 제나라 문인.

3) 瓛(환) : 유환. 남조(南朝)의 송(宋) · 제(齊) 시기 패국의 문인. 자는 자규(子珪). 송 효무제(孝武帝) 때 수재(秀才)가 된 이래로 여러 차례 나라의 부름을 받았지만 벼슬길에 나아가지 않고 제자를 가르치는 일에 몰두했다.

4) 向來(향래) : 방금.

也." 以此事兄, 可以免矣.

강릉의 왕현소와 그의 아우 효영, 자민 세 형제는 특별히 우애가 깊어, 맛있고 새로운 것이 생기면 함께 모이지 않으면 결코 먼저 먹지 않았고, 화기애애함이 얼굴에 묻어났으며, 서로 만나면 헤어짐이 아쉬운 듯했다. 서대가 함락될 때, 현소가 체격이 우람해 적병에게 포위되자, 두 아우가 함께 부여잡고 저마다 대신 죽을 것을 바랐으니, 끝내 풀려나지 못해 같이 죽게 되었다.

江陵[1]王玄紹[2], 弟孝英・子敏, 兄弟三人, 特相愛友, 所得甘旨新異, 非共聚食, 必不先嘗, 孜孜[3]色貌, 相見如不足者. 及西臺[4]陷沒, 玄紹以形體魁梧, 爲兵所圍; 二弟爭共抱持, 各求代死, 終不得解, 遂幷命爾.

---

1) 江陵(강릉) : 지금의 후베이성(湖北省) 중남부 지역의 현 이름.

2) 王玄紹(왕현소) : 인물 사적이 상세하지 않음.

3) 孜孜(자자) : 부지런하다. 화기애애하다.

4) 西臺(서대) : 강릉(江陵)의 서쪽에 있어서 '서대'라고 함.

후취(後娶) : 상처 후의 재취에 관해

길보는 현명한 부친이고, 백기는 효성스러운 아들이다. 현부로서 효자를 다스려 마땅히 천명을 다해야 하거늘, 후처가 이간질해 백기가 쫓겨났다. 일찍이 증삼의 아내가 죽자, 증자는 그 자식에게 "나는 길보에 미치지 못하고, 너희도 백기에 미치지 못한다"고 말했다. 왕준은 아내를 잃고 사람들에게 "나는 증삼에 미치지 못하고, 내 아이들도 증화, 증원에게 미치지 못한다"고 하고서는 종신토록 재취하지 않았으니, 교훈으로 삼을 만하다. 그 후 계모가 전처의 아이들을 학대하고 혈육을 이간질해 마음을 아프게 하고 애간장 끓게 한 것이 어찌 셀 수 있으리오. 삼갈지어다! 삼갈지어다!

吉甫,[1] 賢父也, 伯奇,[2] 孝子也, 以賢父御孝子, 合得終於

---

1) 吉甫(길보) : 서주(西周) 선왕(宣王) 때의 중신 윤길보(尹吉甫). 일찍이 군대를 이끌고 험윤(玁狁)을 무찔렀다. 또한 성주[成周, 지금의 허난성(河南省) 뤄양(洛陽)]에서 남회이족(南淮夷族) 등의 공부(貢賦)를 거두는 일을 맡았다.

2) 伯奇(백기) : 길보의 맏아들. 계모의 계략으로 쫓겨나게 되었다. 후

天性, 而後妻間之, 伯奇遂放. 曾參[3]婦死, 謂其子曰: "吾不及吉甫, 汝不及伯奇." 王駿[4]喪妻, 亦謂人曰: "我不及曾參, 子不如華, 元[5]." 並終身不娶, 此等足以爲誡. 其後, 假繼[6]慘虐孤遺, 離閒骨肉, 傷心斷腸者, 何可勝數. 愼之哉! 愼之哉!

일 길보가 그 사실을 알고 첩을 죽였다.

3) 曾參(증삼) : 증자(曾子). 자는 자여(子輿). 공자의 제자로, 공자의 가르침을 계승해 공자의 손자 자사(子思)에게 전함.

4) 王駿(왕준) : 서한(西漢) 성제(成帝) 때의 대신(大臣). 아내가 죽은 후 재취를 하지 않았는데, 그 이유를 물으니, 자신의 덕이 증자와 같지 못하고 아들이 증자의 아들과 같지 못해서 감히 재취를 할 수 없다고 했다.

5) 華(화), 元(원) : 증자의 두 아들.

6) 假繼(가계) : 계모를 가리킴.

강좌에서는 첩의 소생을 꺼리지 않아, 본처가 죽은 후에는 대부분 첩이 집안일을 했다. 집안의 작은 분규야 간혹 피할 수는 없었지만, 첩의 명분이 제한되었는바 형제가 다투는 집안의 수치스러움은 적었다. 하북 지역의 사람들은 첩이 낳은 자식을 멸시해서 사람들 속에 어울리지 못하게 했으니, 이런 까닭에 반드시 다시 장가들기를 서너 번에 이르러 계모의 나이가 아이들보다 적기도 했다. 서자인 동생이 적자인 형과 의복이나 음식에서부터 결혼, 벼슬에 이르기까지 신분의 격차가 나는 것을 세간에서는 예사롭게 여겼다. 아비가 죽은 후에는 소송이 관부를 채우고, 비방이 길가에 드러나며, 자식이 계모를 첩이라고 우롱하거나, 아우가 이복형을 종으로 쫓아내며, 고인의 유언을 퍼뜨리고 선조의 단점을 드러냄으로써 자신의 옳음을 구하는 일이 종종 있다. 슬프도다. 자고로 간사한 신하와 아첨하는 첩은 한마디로써 다른 사람을 모함하는 일이 많도다. 더군다나 부부의 의리가 밤낮으로 바뀌고, 노복이 잘 보이기 위해 서로 꾀는 것을 부추기고 있으니, 오랜 세월이 흐른 뒤에 어찌 효자가 있겠는가. 이는 두려워하지 않을 수 없도다.

江左[1]不諱庶孽, 喪室之後, 多以妾媵[2]終家事, 疥癬蚊虻,[3] 或未能免, 限以大分[4], 故稀鬩閱之恥. 河北[5]鄙於側出[6], 不預人流[7], 是以必須重娶, 至於三四, 母年有少於子者. 後母之弟, 與前婦之兄, 衣服飮食, 爰及婚宦, 至於士庶[8]貴賤之隔, 俗以爲常. 身沒之後, 辭訟盈公門, 謗辱彰道路, 子誣母爲妾, 弟黜兄爲傭, 播揚先人之辭迹[9], 暴露祖考[10]之長短[11], 以求直己者, 往往而有. 悲夫! 自古姦臣

---

1) 江左(강좌) : 강동(江東). 즉 양쯔강(揚子江) 남쪽 지역을 가리키며, 동진(東晋) 이래 남조의 송(宋)·제(齊)·양(梁)·진(陳)이 도읍한 지역을 일컫는다.

2) 妾媵(첩잉) : 옛날 시집갈 때 데리고 가던 하인이나 몸종. 후일 정실부인 이외의 첩을 범칭.

3) 疥癬蚊虻(개선문맹) : 옴, 모기. 즉 옴과 같은 외부의 질병은 몸속 질병보다 덜 위험하고, 모기와 같은 작은 곤충은 뱀이나 전갈보다 덜 위험하다는 뜻으로, 작은 분규를 비유.

4) 大分(대분) : 명분, 본분.

5) 河北(하북) : 허베이. 중국 황허(黃河) 북쪽 지역.

6) 側出(측출) : 첩의 소생.

7) 人流(인류) : 사회적 지위가 같은 부류의 사람.

8) 士庶(사서) : 사족(士族)과 서족(庶族). 사족은 동한(東漢) 이후 각지에 형성된 대성호족(大姓豪族). 정치와 경제 방면에서 특권을 향유한다. 서족은 사족과 상대되는 한문(寒門)이다.

9) 辭迹(사적) : 유언(遺言).

10) 祖考(조고) : 돌아가신 선조.

11) 長短(장단) : 장점과 단점. 여기서는 단점과 잘못을 가리킴.

佞妾, 以一言陷人者衆矣! 況夫婦之義, 曉夕移之, 婢僕求容, 助相說引[12], 積年累月, 安有孝子乎? 此不可不畏.

---

12) 說引(설인) : 유인(誘引). 다른 사람이 자기의 말을 믿도록 유인함.

치가(治家) : 가정을 다스리는 법

무릇 교육해서 감화한다는 것은 위에서 아래로 행해지는 것이고, 선대에서 후대로 베풀어지는 것이다. 이에 부친이 자애롭지 않으면 자식이 효도하지 않고, 형이 우애가 없으면 아우가 공경하지 않으며, 남편이 의롭지 않으면 아내가 순종하지 않는다. 부친이 인자한데 자식이 어긋나고, 형이 우애로운데 아우가 오만하며, 남편이 의로운데 부인이 흉악스러운 것은 천성이 흉악한 백성인즉, 이에 형벌을 가하면 두려워할 것이나, 훈도해서 바꿀 수 있는 것이 아닐지어다.

夫風化[1]者, 自上而行於下者也, 自先而施於後者也. 是以父不慈則子不孝, 兄不友則弟不恭, 夫不義則婦不順矣. 父慈而子逆, 兄友而弟傲, 夫義而婦陵, 則天之凶民, 乃刑戮之所攝[2], 非訓導之所移也.

1) 風化(풍화) : 교육해서 감화함.

2) 攝(섭) : '섭(懾)'과 같은 글자. 두려워하다.

공자께서 "사치하면 겸손하지 못하고, 검소하면 남루하다. 겸손하지 못할 바에는 차라리 남루하겠다"라고 했다. 또 "만약 주공의 뛰어난 재능을 가지고 있어도 교만하고 인색하다면 그 나머지는 볼만한 것이 없다"라고 했다. 그러하므로 검소하면서도 인색하지 않아야 한다. 검소하다는 것은 아끼고 절약해 예에 합당한 것을 일컫는다. 인색하다는 것은 궁핍하고 다급한 사람도 긍휼히 여기지 않는 것을 일컫는다. 오늘날에는 베풀지라도 사치스럽고 검소할지라도 인색하니, 베풀되 사치스럽지 않고 검소하되 인색하지 않다면 좋겠노라.

孔子曰: "奢則不孫, 儉則固; 與其不孫也, 寧固."[1] 又云: "如有周公[2]之才之美, 使驕且吝, 其餘不足觀也已."[3] 然則可儉而不可吝已. 儉者, 省約爲禮之謂也; 吝者, 窮急不卹之謂也. 今有施則奢, 儉則吝; 如能施而不奢, 儉而不吝, 可矣.

---

1) 《논어 · 술이(述而)》 편에 나옴.

2) 周公(주공) : 주(周) 문왕(文王)의 아들. 서주(西周) 초기의 정치가. 성은 희(姬), 이름은 단(旦)이다. 형 무왕(武王)을 도와 상(商)을 멸하고, 무왕이 죽은 후 어린 성왕(成王)을 보필해 나라를 안정시켰다. 후세 성현의 전범이 되어 오래도록 추앙받았다. 《주례》를 지었다고 알려져 있다.

3) 《논어 · 태백(泰伯)》 편에 나옴.

양 원제 때, 어느 중서사인이 집을 다스림에 정도를 잃고 지나치게 엄격해서 처첩이 함께 자객을 시켜 그가 술에 취한 틈을 타 죽였다.

梁孝元世,[1] 有中書舍人[2], 治家失度, 而過嚴刻, 妻妾遂共貨[3]刺客, 伺醉而殺之.

---

1) 梁孝元世(양효원세) : 양나라 원제(元帝) 소역(蕭繹)이 통치하던 시기를 가리킴. 소역은 무제(武帝) 소연(蕭淵)의 일곱째 아들.

2) 中書舍人(중서사인) : 관명. 중서성(中書省)에 속한 관리로 조명(詔命)을 알리는 것을 담당.

3) 貨(화) : 뇌물로 매수하다.

북제의 이부시랑 방문열은 일찍이 화를 내지 않았다. 장맛비가 쏟아져서 양식이 떨어지자 시녀에게 쌀을 사 오도록 했는데, 시녀가 이를 틈타 도망가 버려 사나흘 후에야 그녀를 다시 잡아 왔다. 방문열은 “온 가족이 먹을 것이 없는데, 너는 어디에 갔었느냐?”라고 천천히 물었을 뿐, 절대 때리지는 않았다. 일찍이 다른 사람에게 방을 내줘 머물도록 했는데, 노비가 방을 뜯어 땔감으로 거의 다 써 버렸지만, 이 일을 듣고 눈살을 찌푸리면서도 끝내 아무 말도 하지 않았다.

齊吏部侍郎[1)]房文烈[2)], 未嘗嗔怒, 經霖雨[3)]絶糧, 遣婢糴米, 因爾逃竄, 三四許日, 方復擒之. 房徐曰: “擧家無食, 汝何處來?” 竟無捶撻. 嘗寄人宅, 奴婢徹[4)]屋爲薪略盡, 聞之顰蹙[5)], 卒無一言.

---

1) 吏部侍郎(이부시랑) : 관명. 전국 관리의 임면, 시험, 승진, 이동 등을 맡음.

2) 房文烈(방문열) : 생몰년 미상. 성격이 온순해 화를 내지 않았다고 전해지는 인물.

3) 霖雨(임우) : 장맛비.

4) 徹(철) : ‘철(撤)’과 같은 글자. ‘철거하다’의 의미.

5) 顰蹙(빈축) : 눈썹을 찌푸리다. 근심하는 모양을 형용.

배자야는 먼 친척 중에 굶주리고 추위에 떨며 홀로 생활할 수 없는 이들을 모두 거두어 부양했다. 집안이 본디 청빈했고, 당시 가뭄이 들어 두 섬의 쌀로 멀건 죽을 만들어 겨우 나누어 먹으며 자신도 함께 들면서 언제나 싫어하는 기색이 없었다. 업하의 한 영군은 탐욕이 심해, 집안에 어린 종이 팔백 명인데도 천 명을 채우겠다고 선언했다. 조석으로 매 사람의 식사는 15전을 평균으로 해서, 손님이 있다 하더라도 더 보태지 않았다. 후일 죄를 지어 벌을 받아 가산을 거두니, 삼베로 삼은 신발이 한 방 가득하고 낡은 옷이 몇 곳간이나 되었으며 나머지 재산도 이루 다 말할 수 없었다. 남양의 어떤 사람은 생계를 위해 재산을 많이 모았지만 성격이 매우 인색했다. 동지가 지난 후 사위가 그를 방문하니 한 사발의 술과 몇 점의 노루고기를 차렸다. 사위는 음식이 조촐한 것을 원망하며 한꺼번에 다 먹어 버렸다. 장인은 매우 놀라며 술과 안주를 더 가져오라고 해서 대접했다. 이와 같이 두 번을 했다. 사위가 물러나자 딸을 꾸짖으며 "네 신랑이 술을 좋아하는 까닭에 너는 항상 가난하겠구나"라고 했다. 그가 죽은 뒤에 몇 명의 아들이 재산을 쟁탈해 형이 결국 아우를 죽였다.

裴子野[1]有疎親故屬飢寒不能自濟者，皆收養之；家素淸貧, 時逢水旱, 二石米爲薄粥, 僅得遍焉, 躬自[2]同之, 常無厭色. 鄴下[3]有一領軍[4], 貪積已甚, 家童[5]八百, 誓滿一千; 朝夕每人肴膳, 以十五錢爲率, 遇有客旅, 更無以兼. 後坐事伏法, 籍其家産, 麻鞋一屋, 弊衣數庫, 其餘財寶, 不可勝言. 南陽[6]有人, 爲生奧[7]博, 性殊儉吝, 冬至後女壻謁之, 乃設一銅甌[8]酒, 數臠[9]麞肉; 壻恨其單率, 一擧盡之. 主人愕然, 俛仰[10]命益, 如此者再; 退而責其女曰: "某郎[11]

---

1) 裴子野(배자야) : 남조 제 · 양 시기의 문인. 어려서부터 학문에 뛰어났고, 요직을 두루 역임했다. 어릴 때 어머니를 잃었으나 총명하고 문장에 뛰어났으며 특히 역사에 정통했다. 후일 부친상을 당하자 매일 묘소에 가서 지켜 주변의 풀이 마를 정도였다고 한다. 또한 외가 및 친척 중 가난한 사람을 모두 거두어 먹여 살려 늘 가난을 면하지 못했다고 전한다.

2) 躬自(궁자) : 손수, 친히.

3) 鄴下(업하) : 업성(鄴城). 현재 허베이성(河北省) 린장현(臨漳縣) 서남부 지역. 북제는 이곳에 도읍을 세웠다.

4) 領軍(영군) : 관명. 중앙 군대를 장관함.

5) 家童(가동) : '동(童)'은 '동(僮)'과 같은 글자. 즉 집안의 어린 종.

6) 南陽(남양) : 군명(郡名). 중국의 허난성 서남부에 있는 도시.

7) 奧(오) : 저장하다.

8) 甌(구) : 그릇.

9) 臠(연) : 잘게 썬 고기.

10) 俛仰(면앙) : '부앙(俯仰)'과 같은 뜻. 여기서는 '주위를 살피며 시중들게 하다'의 의미로 사용됨.

好酒, 故汝常貧." 及其死後, 諸子爭財, 兄遂殺弟.

---

11) 郞(낭) : 육조 시대에는 사위를 '낭'이라고 불렀음.

강동의 부녀는 거의 교류를 하지 않아 간혹 친척 간에도 십 수 년 동안 서로 알지 못하고 지내는데, 그래도 편지와 안부를 전하며 깊은 정을 표한다. 업하의 풍속은 오로지 부녀가 집안일을 도맡아 시비곡직을 소송하고 손님을 맞이해 대접하며, 거마를 타고 거리를 가득 메우고 비단옷을 입고 관가에 가득 모여서, 아들을 대신해 관직을 구하고 남편을 위해 억울함을 호소한다. 이것이 항주와 대군 일대의 북위 선비족의 유풍이다. 남쪽 지역은 가난하지만 모두 겉모습을 중시해 거마와 의복이 단정하게 정리된 것을 중시하기에 집안의 처자가 굶주림과 추위를 면치 못한다. 하북에서는 대부분 아내에 의해서 사교가 주도되는데, 비단과 금은보화가 없어서는 안 되고, 비쩍 마른 말이나 초췌한 노비는 단지 머릿수만을 채울 뿐이며, 부창부수의 예는 간혹 서로 경멸하는 것이 되어 버렸다.

江東婦女, 略無交遊, 其婚姻之家[1], 或十數年間, 未相識者, 惟以信命[2]贈遺, 致殷勤焉. 鄴下風俗, 專以婦持門戶,

---

1) 婚姻之家(혼인지가) : 친척. 《이아(爾雅) · 석친(釋親)》을 참고하면, 남편의 아버지를 '인(姻)', 아내의 아버지를 '혼(婚)'이라 했으며 아내의 부모와 남편의 부모를 상호 '혼인'이라고 일컬었다(婿之父爲姻, 婦之父爲婚, 婦之父母, 婿之父母, 相謂爲婚姻).

爭訟曲直, 造請逢迎, 車乘塡街衢, 綺羅盈府寺[3], 代子求官, 爲夫訴屈. 此乃恒 · 代[4]之遺風乎. 南間貧素, 皆事外飾, 車乘衣服, 必貴齊整; 家人妻子, 不免飢寒. 河北人事, 多由內政[5], 綺羅金翠, 不可廢闕, 羸馬顇奴, 僅充而已; 倡和之禮,[6] 或爾汝[7]之.

---

2) 信命(신명) : 사자(使者)가 전달한 서신 혹은 명령.

3) 府寺(부시) : 고대 공경(公卿)의 관서(官署). 한대(漢代) 이후로 삼공(三公)이 거처하는 곳을 '부(府)', 구경(九卿)이 거처하는 곳을 '시(寺)'라고 했음.

4) 恒(항) · 代(대) : 항주(杭州)와 대군(代郡).

5) 內政(내정) : 가정의 대소사를 주관하는 아내.

6) 倡和之禮(창화지례) : '부창부수(夫唱婦隨)'. 부부가 화목하다.

7) 爾汝(이여) : 고대 윗사람이 노비를 부르던 호칭. 또는 상대방을 경멸하는 호칭. 여기서는 부부끼리 서로 경멸한다는 뜻.

부녀자의 성향은 대개 자식과 사위를 총애하고, 며느리에게 모질게 대한다. 사위를 총애하면 형제의 원성이 생기고, 며느리에게 모질게 대하면 자매의 모략이 벌어질 것이다. 그러므로 부녀의 행동은 집안사람들에게 죄를 짓는 것이니, 어머니가 실로 그렇게 만든 것이다. 속담에 이르길, "시어머니의 식사는 쓸쓸하다"라고 했다. 이는 그것에 대한 보응이다. 집안의 일상적인 폐단을 경계하지 않을 것인가!

婦人之性, 率寵子壻而虐兒婦. 寵壻, 則兄弟之怨生焉; 虐婦, 則姊妹之讒行焉. 然則女之行留, 皆得罪於其家者, 母實爲之. 至有諺云: "落索阿姑[1]餐." 此其相報也. 家之常弊, 可不誡哉!

---

1) 阿姑(아고) : 남편의 모친, 즉 시어머니.

다른 사람에게서 서적을 빌리면 모두 아껴야 하니, 먼저 훼손이 된 곳이 있다면 보수를 해 주는 것 또한 사대부의 선행 중 하나다. 제양의 강록은 독서가 끝나지 않았다면 다급할지라도 반드시 서적을 정리하고 나서야 일어났기에 서적을 훼손하지 않아 사람들이 그에게 책 빌려 주는 것을 싫어하지 않았다. 혹자는 책상에 서적을 벌여 놓아 서적의 권질이 흩어지거나, 어린아이나 시종에 의해 더렵혀지거나, 비바람이나 벌레와 쥐에 의해 뜯겼으니, 실로 인덕에 흠을 남기게 되었다. 나는 성인의 서적을 읽을 때마다 엄숙하게 대하지 않은 적이 없으며, 오래된 종이에 오경의 말과 성현의 성명이 있으면 감히 아무렇게나 사용할 수 없었다.

借人典籍, 皆須愛護, 先有缺壞, 就爲補治, 此亦士大夫百行[1]之一也. 濟陽[2]江祿[3], 讀書未竟, 雖有急速, 必待卷

---

1) 百行(백행) : 각종 선행.

2) 濟陽(제양) : 옛날 현명(縣名). 지금의 허난성 란카오현(蘭考縣) 동북쪽에 있었다.

3) 江祿(강록) : 남조 양나라 문인으로 태자세마(太子洗馬)를 지냈다. 어려서부터 학문에 힘써 문장을 잘 지었으며 서예와 거문고에도 뛰어났다. 많은 재산을 벽 속에 쌓아 두었는데, 벽이 그 무게를 견디지 못하

束[4]整齊, 然後得起, 故無損敗, 人不厭其求假焉. 或有狼藉几案, 分散部帙, 多爲童幼婢妾之所點汙[5], 風雨蟲鼠之所毀傷, 實爲累德[6]. 吾每讀聖人之書, 未嘗不肅敬對之; 其故紙有五經[7]詞義, 及賢達姓名, 不敢穢用也.

고 무너질 정도였다고 한다.

4) 卷束(권속) : 두루마리 책 한 권.

5) 點汙(점오) : '점(點)'은 '점(玷)'과 통하는 글자. '오염되다'의 의미.

6) 累德(누덕) : 덕행에 손해가 됨.

7) 五經(오경) : 유가의 다섯 가지 경전으로, 《주역》, 《서경》, 《시경》, 《예기》, 《춘추》를 말함. 한(漢) 무제(武帝)때 처음 정해짐.

풍조(風操) : 사람들의 풍모와 지조에 관해

최근 양도에 '심(審)' 자를 피휘하는 한 선비가 있는데, '심(沈)'씨 성을 가진 사람과 친밀히 교류했다. 이에 그 심씨는 그에게 편지를 주면서 이름만 쓰고 성을 쓰지 않았으니, 이는 사람의 도리가 아니다.

近在揚都[1], 有一士人諱審, 而與沈氏交結周厚, 沈與其書, 名而不姓, 此非人情也.

---

1) 揚都(양도) : 남북조 시대의 건강(建康)을 말함. 지금의 장쑤성(江蘇省) 난징(南京) 일대.

무릇 피휘는 반드시 뜻이 같은 글자로 대체해야 한다. 환공의 이름이 백(白)이어서 바둑의 '오백(五白)'을 '오호(五皓)'라고 했고, 여왕의 이름이 장(長)이어서 '경유장단(脛有長短)'을 '경유수단(脛有修短)'이라고 말했다. 그러나 '포백(布帛)'을 '포호(布皓)'라고 한다거나, '신장(腎腸)'을 '신수(腎修)'라고 하는 것은 듣지 못했다. 양무제의 어릴 적 이름이 아련(阿練)이어서, 자손이 모두 '연(練)'을 '견(絹)'이라고 했고, 이에 '소련물(銷練物)'을 '소견물(銷絹物)'이라고 했으니 그 뜻이 맞지 않게 된 것이다. 혹자는 '운(雲)' 자를 피휘해 '분운(紛紜)'을 '분연(紛烟)'이라고 했으며, '동(桐)' 자를 피휘해 '오동(梧桐)'나무를 '백철(白鐵)' 나무라고 했으니, 마치 우스갯소리를 하는 듯하다.

凡避諱者, 皆須得其同訓以代換之.[1] 桓公[2]名白, 博[3]有

---

1) 한나라의 경우를 예로 들면, '방(邦)' 대신 '국(國)', '만(滿)' 대신 '영(盈)', '개(開)' 대신 '계(啓)'를 사용함.

2) 桓公(환공) : 춘추 시대 제(齊)나라의 왕. 성은 강(姜), 이름은 소백(小白). 포숙아(鮑叔牙)의 도움으로 그의 형인 공자(公子) 규(糾)와의 분쟁에서 승리했다.

3) 博(박) : 고대의 도박성을 띤 놀이의 일종으로 상고(上古) 때 오조(烏曹)가 발명했다 함. 후에 도박으로 범칭. 말판에 열두 갈래의 길이 있으며, 말은 흑백 각각 여섯 개임. 다섯 개의 나무로 만든 채를 던져 바둑

五皓之稱. 厲王[4]名長, 琴有修短[5]之目. 不聞謂布帛爲布皓, 呼腎腸爲腎修也. 梁武小名阿練, 子孫皆呼練爲絹, 乃謂銷練物爲銷絹物, 恐乖其義. 或有諱雲者, 呼紛紜爲紛煙; 有諱桐者, 呼梧桐樹爲白鐵樹, 便似戱笑耳.

을 두는데, 그 채는 위는 검고 아래는 희다. 던진 채가 모두 검으면 '노(盧)', 모두 희면 '백(白)'이라고 했음. 여기서 제나라 환공의 이름 소백(小白)을 피휘해 '오백(五白)'을 '오호(五皓)'라고 했다는 것을 말함.

4) 厲王(여왕) : 한나라 고조(高祖) 유방(劉邦)의 아들 유장(劉長). 시호(謚號)가 여왕(厲王)임. 처음에 회남왕(淮南王)에 봉해졌으나, 문제(文帝) 때 거만함으로 폄직되자 자살했다. 후일 그의 아들 유안(劉安)이 회남왕이 되어 여러 문사를 불러 모아 《회남자(淮南子)》를 편찬했는데, 책에서 '장(長)'은 모두 '수(修)'로 피휘되어 있다.

5) 琴有修短(금유수단) : 왕리치 선생의 견해를 따르면, 여기서의 '금(琴)'은 '경(脛)' 자의 잘못이다. 본문은 이에 근거해 해석했다. 이 말은 《장자(莊子) · 변무(駢拇)》에서 출처를 찾을 수 있는데, 즉 "오리의 다리가 짧다고 그것을 이어 주면 근심할 것이고, 학의 다리가 길다고 그것을 잘라 버리면 슬퍼할 것이다(是故鳧脛雖短, 續之則憂; 鶴脛雖長, 斷之則悲)".

주공은 아들에게 '금'이라고 이름을 지었고, 공자는 아들에게 '리'라고 이름을 지었는데, 그것은 그들 자신에게만 국한되어 사용되었으므로 금지하지 않아도 된다. 위후, 위공자, 초태자는 모두 '서캐'라고 불렸고, 장경은 '똥개'라고 불렸으며, 왕수는 '강아지'라고 불렸다. 선대에도 이런 이름들이 이어져서 이치상 통용될 수 없었으니, 옛날의 행위가 오늘의 웃음거리인 것이다. 북방 지역에서는 대부분 '망아지', '돼지'라고 아들 이름을 지었는데, 그들에게 자기를 칭하거나 형제의 이름을 부르게 하는 것을 또 어찌 차마 할 것인가. 전한에는 윤옹귀, 후한에 정옹귀, 양나라 또한 공옹귀, 고옹총이 있었으며, 진대에는 허사비, 맹소고가 있었다. 이와 같은 이름은 마땅히 피해야 할 것이다.

周公名子曰禽[1], 孔子名兒曰鯉[2], 止在其身, 自可無禁. 至若衛侯, 魏公子,[3] 楚太子, 皆名蟣蝨; 長卿[4]名犬子, 王

---

1) 禽(금) : 주공의 아들. 노공(魯公).

2) 鯉(리) : 공자의 아들. 자 백어(伯魚). 향년 50세에 공자보다 먼저 죽음.

3) 魏公子(위공자) : 《사기(史記) · 한세가(韓世家)》에 의거할 때 '한공자(韓公子)'라고 해야 마땅함.

修[5]名狗子, 上有連及, 理未爲通, 古之所行, 今之所笑也. 北土多有名兒爲驢駒 · 豚子者,[6] 使其自稱及兄弟所名, 亦何忍哉? 前漢有尹翁歸,[7] 後漢有鄭翁歸,[8] 梁家亦有孔翁歸,[9] 又有顧翁寵; 晉代有許思妣,[10] 孟少孤:[11] 如此名字, 幸當避之.

---

4) 長卿(장경) : 서한 시대의 저명한 문학가 사마상여(司馬相如). 어려서 독서를 좋아했고, 격검(擊劍)을 배웠다. 경제(景帝)가 그의 사부를 싫어해 양 효왕(梁孝王)에게 의탁했다. 효왕이 죽은 후 고향에 돌아가 토호인 탁왕손(卓王孫)의 딸 문군(文君)과 결혼해 부유하게 되었다.

5) 王修(왕수) : 동진의 외척. 왕몽(王濛)의 아들. 어릴 적에 '구자(苟子)'라 했는데, '구(苟)'는 '구(狗)'와 통용.

6) 일례로 《위서(魏書) · 주담전(周澹傳)》에서 주첨의 아들 이름이 '여구(驢駒)'라고 한 것이 보인다.

7) 尹翁歸(윤옹귀) : 한나라 때 관리. 어릴 적 부모를 여의고 숙부 밑에서 자랐다. 문장에 밝았고, 칼싸움을 좋아했다.

8) 鄭翁歸(정옹귀) : 미상.

9) 孔翁歸(공옹귀) : 양나라 문인. 회계(會稽) 사람으로 현언(玄言)을 잘 이해하고 시를 잘 지었으며 술을 좋아했다.

10) 許思妣(허사비) : 허영(許永). 동진 시대의 인물.

11) 孟少孤(맹소고) : 맹루(孟陋). 동진 시대의 인물. 어릴 적부터 정직하고 검소했으며, 혼자 낚시를 즐기며 돌아다니기를 좋아했다.

남방 사람들은 동지와 설에는 상을 당한 집에 가지 않았다. 만약 서신을 쓰지 않았다면, 이 절기가 지나서 의관을 갖추어 위로를 표시했다. 북방 사람들은 이날이면 행동을 조심해 조문했는데, 예서에 명확하게 기록되지 않아 나는 취하지 않는다. 남방 사람은 손님이 이르러도 문밖에 나가 영접하지 않고, 서로 만날 때는 두 손을 모으나 몸은 구부리지 않으며, 손님을 보낼 때는 자리에서 물러날 뿐이다. 북방 사람은 손님을 영접할 때 문에까지 이르고, 서로 만날 때는 절을 하는데, 모두 옛날의 예법이기에 나는 그 영접의 예를 찬양한다.

南人冬至[1)]歲首[2)], 不詣喪家; 若不修書, 則過節束帶[3)]以申慰. 北人至歲[4)]之日, 重行弔禮; 禮[5)]無明文, 則吾不取. 南人賓至不迎, 相見捧手而不揖, 送客下席[6)]而已; 北人迎送

1) 冬至(동지) : 24절기의 하나. 옛사람들은 동지를 절기의 기점으로 보고 매우 중히 여겼다.

2) 歲首(세수) : 음력의 새해.

3) 束帶(속대) : 옷을 정리하고 몸가짐을 단정하게 해 공경을 표시함.

4) 至歲(지세) : 동지, 세수 두 절기의 축약어.

5) 禮(예) : 예서(禮書). 예법에 관해 쓴 책.

6) 下席(하석) : 자리에서 물러나 공경을 표시.

並至門, 相見則揖, 皆古之道也, 吾善其迎揖.

옛날에 제왕과 제후는 스스로를 고(孤), 과(寡), 불곡(不穀)이라고 칭했는데, 그 이후로는 공자와 같은 훌륭한 스승일지라도 문인과 이야기하면서 자기의 이름을 칭했다. 후대에 비록 신(臣), 복(僕)이라는 명칭이 있었지만, 그렇게 말하는 사람은 대략 적었다. 강남에서는 귀천을 막론하고 각기 호(號)라는 것이 있었는데, 《서의》에 상세히 나와 있다. 북인이 대부분 이름을 부르는 것은 옛날의 유풍이므로, 나는 그 이름을 칭하는 것을 칭송한다.

昔者, 王侯自稱孤 · 寡 · 不穀, 自玆以降, 雖孔子聖師, 與門人言皆稱名也. 後雖有臣 · 僕之稱, 行者蓋亦寡焉. 江南輕重, 各有謂號, 具諸書儀[1]; 北人多稱名者, 乃古之遺風, 吾善其稱名焉.

---

1) 書儀(서의) : 옛날 사대부 개인의 서찰(書札), 전례(典禮) 등에 관한 저작을 '서의'라고 통칭함. 현존하는 것으로는 송(宋) 사마광(司馬光)의 《서의》가 가장 대표적이다.

이별은 쉽고 만남은 어렵기에 옛사람은 이별의 정을 중시한 것이다. 강남은 전송할 때 눈물을 흘리며 이별한다. 왕자후는 양나라 무제의 동생으로 동군에 출행할 때 무제와 이별했는데, 무제는 "내가 늙어서 너와 이별을 하니 심히 슬프구나"라고 말하며 한없이 눈물을 흘렸다. 왕자후는 끝내 울지 않고 작별하고서 얼굴을 붉히며 떠났다. 이 일로 질책을 받아 배를 강가에 정박해 놓고 백여 일이 지나도록 결국 떠날 수가 없었다. 북방의 풍속은 이런 일을 달갑게 여기지 않아, 기로에서 이별을 말하며 웃으면서 헤어진다. 그리고 본디 천성이 눈물이 적은 사람은 애가 끊어질지라도 눈빛은 도리어 밝게 빛나니, 이러한 사람을 억지로 질책할 수는 없다.

別易會難, 古人所重; 江南餞送, 下泣言離. 有王子侯[1], 梁武帝弟, 出爲東郡[2], 與武帝別, 帝曰: 我年已老, 與汝分張[3], 甚以惻愴. 數行淚下. 侯遂密雲[4], 赧然[5]而出. 坐此

---

1) 王子侯(왕자후) : 제왕 종실의 열후(列侯).

2) 東郡(동군) : 남조(南朝)의 수도인 건강(建康) 동쪽의 군.

3) 分張(분장) : 헤어지다.

4) 密雲(밀운) : 눈물을 흘리지 않고 말함.

5) 赧然(난연) : 얼굴을 붉히다.

被責, 飄飖舟渚, 一百許日, 卒不得去, 北間風俗, 不屑此事, 歧路言離, 歡笑分首[6]. 然人性自有少涕淚者, 腸雖欲絶, 目猶爛然[7], 如此之人, 不可强責.

6) 分首(분수) : 헤어지다. '수(首)'는 '수(手)'와 통하는 글자.

7) 爛然(난연) : 눈빛이 빛나는 모양.

대개 친척의 명칭은 모두 분명하게 구별해야 하며 남용해서는 안 된다. 교양이 없는 사람은 부친이 이미 돌아가셨다고 외조부모와 조부모를 똑같이 불러 사람들의 귀에 거슬리게 한다. 면전에서 대할지라도 모두 '외' 자를 더해 구별하고, 부모의 백부와 숙부는 모두 차례로써 구별하며, 부모의 백모와 숙모는 모두 성을 붙여서 구별하며, 부모의 여러 당백부와 당백모, 당숙부와 당숙모 및 당조부와 당조모에게는 모두 작위 혹은 성씨를 붙여서 구별한다. 하북의 선비는 모두 외조부, 외조모를 가공, 가모라고 불렀다. 강남의 민간에서도 역시 그렇게 말한다. '가' 자로 '외' 자를 대체한 것이 나는 이해가 되지 않는다.

凡親屬名稱, 皆須粉墨[1], 不可濫也. 無風教者, 其父已孤, 呼外祖父母與祖父母同, 使人爲其不喜聞也. 雖質於面, 皆當加外以別之; 父母之世叔父[2], 皆當加其次第以別之; 父母之世叔母, 皆當加其姓以別之; 父母之羣從世叔父母及從祖父母, 皆當加其爵位若姓以別之. 河北士人, 皆呼外祖父母爲家公家母[3], 江南田里間亦言之. 以

---

1) 粉墨(분묵) : 문장을 수식하다. 흑백을 구분하다. 구분이 명확한 것을 의미.

2) 世叔父(세숙부) : 세부와 숙부. 세부는 백부.

家代外, 非吾所識.

3) 家公家母(가공가모) : 외조부모.

옛날에는 이름으로써 몸을 바로 세웠고, 자로써 덕을 표명했는데, 이름은 죽으면 피휘했고, 자는 손자의 성씨로 삼을 수 있었다. 공자의 제자는 공자의 언행을 기록할 때 모두 '중니'라고 칭했다. 여후는 미천할 때 일찍이 한고조를 그의 자인 '계'라고 불렀다. 한나라의 원종은 숙부의 자인 '사'를 칭했다. 왕단은 후패의 아들과 이야기하며 후패의 자인 '군방'이라고 불렀다. 강남은 지금까지도 자를 피휘하지 않는다. 하북의 사대부는 전부 구별을 하지 않아서 이름 또한 자로 불리며, 자는 본디 자로 불린다. 상서 왕원경의 형제는 모두 명망이 있는 사람으로 불렸는데, 부친의 이름이 '윤', 자가 '나한'이어서 일제히 그것을 피휘했으니, 그 나머지 사람들도 기이할 것이 없다.

古者, 名以正體, 字以表德, 名終則諱之; 字乃可以爲孫氏. 孔子弟子記事者, 皆稱仲尼[1]; 呂后[2]微時, 嘗字高祖[3]爲

1) 仲尼(중니) : 공자(孔子). 이름은 구(丘), 자는 중니(仲尼). 유가의 시조.

2) 呂后(여후) : 한 고조 유방의 처. 이름 치(雉). 그 아들 혜제(惠帝)가 연약해서 정권은 여후의 손에 있었다. 혜제가 죽은 후 여후가 나라를 8년간 통치했다.

3) 高祖(고조) : 중국 한나라의 제1대 황제. 성은 유(劉), 이름은 방(邦),

季[4]，至漢爰種[5]，字其叔父曰絲，王丹[6]與侯霸[7]子語，字霸爲君房；江南至今不諱字也．河北士人全不辨之，名亦呼爲字，字固呼爲字．尙書王元景[8]兄弟，皆號名人，其父名雲，字羅漢，一皆諱之，其餘不足怪也．

자는 계(季). 진시황이 죽은 다음 해 항우와 합세하여 진(秦)나라를 멸망시켰다. 그 뒤 해하(垓下)의 싸움에서 항우를 대파해 중국을 통일하고 제위에 올랐다.

4) 季(계) : 한 고조 유방이 미천한 신분일 때, 그의 처 여후는 그를 '계'라고 불렀다.

5) 爰種(원종) : 서한의 대신 원앙(爰盎)의 조카.

6) 王丹(왕단) : 동한의 관리.

7) 侯霸(후패) : 동한의 대신.

8) 王元景(왕원경) : 왕흔(王昕). 북제의 관리. 아우 왕희(王晞)와 함께 풍모가 뛰어나고 학식이 있었다. 북제 문선제(文宣帝)를 폭군인 걸주(桀紂)에 비유했다가 사살되어 장수(漳水)에 던져졌다.

강남에서는 대개 탈상(脫喪)을 하기 전에 다시 친상(親喪)을 당했는데, 친한 사이이고 같은 마을에 살면서 사흘이 지나도록 조문하지 않는다면 절교한다. 상복을 벗고서 마주쳤는데도 피한다면 그가 자신을 위로해 주지 않음을 원망하기 때문이다. 그럴 만한 이유가 있거나 멀리 떨어져 있는 사람이라면 서신을 보내면 괜찮다. 서신이 없으면 또한 이와 같이 한다. 북방의 풍속은 이와 같지 않다. 강남에서 대개 조문하는 사람은 상주 외에 모르는 사람과는 손을 잡지 않는다. 기간이 짧은 상을 당한 사람은 알지만 상주를 모르면 그 장소에 가서 조문하지 않아도 되고, 다른 날 명찰을 적어 그 집에다 인사하면 된다.

江南凡遭重喪[1], 若相知者, 同在城邑, 三日不弔則絕之; 除喪,[2] 雖相遇則避之, 怨其不己憫也. 有故及道遙者, 致書可也; 無書亦如之. 北俗則不爾. 江南凡弔者, 主人之外, 不識者不執手;[3] 識輕服[4]而不識主人, 則不於會所[5]而

1) 重喪(중상) : 탈상(脫喪)을 하기 전에 다시 친상(親喪)을 당함.

2) 除喪(제상) : 상복을 벗고 길복으로 바꿈.

3) 옛날 상례에서는 조문을 할 때 그중 아는 사람하고만 악수를 하고, 알지 못하면 악수하지 않는 것이 도리였다. 다만 상주에게는 알든 모르든 악수를 해야 하며, 악수를 하지 않으면 실례였다.

弔, 他日修名[6]詣其家.

4) 輕服(경복) : 다섯 종의 상복(喪服) 중 가벼운 몇 종. 즉 대공(大功), 소공(小功), 시마(緦麻) 등 기간이 짧은 상례의 제도를 가리킴. '대공'은 종형제자매 · 증손 · 증손녀 · 중자부 · 질부 및 남편의 조부모 · 백숙부모 · 질부 등의 겨레붙이의 장례에 입는 상복으로 그 복기는 9개월 동안이다. '소공'은 종조부모 · 재종형제 · 종질 · 종손 등의 상례에 입는 상복을 말한다. '시마'는 3개월의 상례 때 입는 옷을 말한다.

5) 會所(회소) : 장례를 지내는 장소.

6) 修名(수명) : 이름을 적다.

음양가가 말하길, "진일은 수묘이고 또 토묘이므로 곡을 하지 말아야 한다"고 했다. 왕충의 《논형》에 이르길, "진일에는 곡을 하지 말아야 하고, 곡을 하면 반드시 또 상을 당한다"고 했다. 이에 오늘날 교육을 받지 않은 사람들은 진일에 상을 당하면 그 경중을 떠나 온 집안이 고요하게 울음소리를 내지 않는 까닭에 조문객을 사양한다. 도교의 서적에서도 "그믐에 노래하고 초하루에 곡하는 것은 모두 죄가 되므로 하늘이 그의 운명을 빼앗는다"고 했다. 이에 상가가 초하루나 보름이라고 해서, 비통함이 매우 깊을진대 어찌 자신의 수명을 아끼고자 곡을 하지 않겠는가. 이 역시 이해가 되지 않는다.

陰陽[1]說云, 辰爲水墓, 又爲土墓, 故不得哭. 王充[2]論衡云: "辰日不哭, 哭必重喪." 今無教者, 辰日有喪, 不問輕重, 擧家淸謐, 不敢發聲, 以辭弔客. 道書[3]又曰: "晦[4]歌

---

1) 陰陽(음양) : 전국 시대 음양오행설을 제창한 학파를 가리킴. 음양이원(陰陽二元)과 오행(五行)을 조합해 하나의 철학 체계를 형성.

2) 王充(왕충) : 동한의 철학가이자 문학가. 가난해서 책을 사지 못해 서점에서 책을 읽고 암기하며 공부해 백가 사상에 정통했다. 어려서부터 총명해서 8세 때 서관(書館)에 들어갔다. 반표(班彪)에게 사사했고, 미신을 반대하고 자연주의적 사상을 중시했다. 비판 정신이 강하게 반영된 《논형(論衡)》은 후대의 사상에 많은 영향을 미쳤다.

朔[5]哭, 皆當有罪, 天奪其算[6]." 喪家朔望[7], 哀感彌深, 寧當惜壽, 又不哭也? 亦不諭.

3) 道書(도서) : 도교의 서적.

4) 晦(회) : 음력 매월 마지막 날.

5) 朔(삭) : 음력 매월 첫날.

6) 算(산) : 수명.

7) 望(망) : 음력 매월 보름.

《예경》에서 "부친이 남긴 서적과 모친의 컵에는 손때와 숨결을 느낄 수 있기에 차마 읽고 사용할 수가 없다"고 했다. 그것은 바로 평상시에 강습하고 교감해 고쳐 쓴 것이며, 게다가 특별히 사용한 것에는 자취가 있어서 그리움에 사무칠 만하다. 이에 일반적인 서적이나 생활용품이라 하더라도 어찌 모두 폐기할 수 있겠는가. 설령 읽고 사용하지 않을지라도 흩어져 없어지는 것을 용납할 수 없으니, 마땅히 봉해 보관함으로써 후세에 남겨 주어야 할 것이다.

禮經, 父之遺書, 母之杯圈, 感其手口之澤, 不忍讀用.[1] 政[2]爲常所講習, 讐校繕寫, 及偏加服用[3], 有迹可思者耳. 若尋常墳典[4], 爲生什物[5], 安可悉廢之乎? 既不讀用, 無容散逸, 惟當緘保[6], 以留後世耳.

---

1)《예기 · 옥조(玉藻)》 참조.

2) 政(정) : '정(正)'과 통하는 글자로, 여기서는 '바로'의 뜻이다.

3) 服用(복용) : 사용하다.

4) 墳典(분전) : '삼분오전(三墳五典)'을 말함. 삼분은 복희(伏犧) · 신농(神農) · 황제(黃帝)의 서적, 오전은 소호(少昊) · 전욱(顓頊) · 고신(高辛) · 요(堯) · 순(舜)의 서적을 가리킨다. 후에 고대 전적의 통칭이 되었다.

5) 什物(집물) : 각종 물품과 기구. 생활용품.

6) 緘保(함보) : 봉해 보관하다.

강남의 풍속에, 아이가 태어난 지 1년이 되면 새 옷을 지어 입히고 목욕을 시켜 단장을 해, 남자아이는 활 · 화살 · 종이 · 붓, 여자아이는 칼 · 자 · 바늘 · 실, 또한 음식 및 진귀한 보물과 완구를 아이 앞에 늘어놓고 아이가 흥미를 느껴 잡는 것을 관찰함으로써 탐욕과 지혜를 시험하는데, 이것을 돌잡이라고 한다. 이날은 친척이 한데 모이고 잔치가 열린다. 이후부터 양친이 살아 있다면 매번 이날에 술과 음식을 차려 잔치를 베푼다. 가르침을 받지 못한 사람들은 고아가 되었는데도 잔치를 열어 술에 취해서 즐거워하며 그 슬픔을 알지 못한다. 양 원제는 어릴 때 8월 6일 생일이 되면 항상 불법을 알리는 집회를 열었는데, 그의 모친 완수용이 돌아가신 이후에는 이 일 또한 그만두었다.

江南風俗, 兒生一期[1], 爲製新衣, 盥浴裝飾, 男則用弓矢紙筆, 女則刀尺鍼縷, 並加飲食之物, 及珍寶服玩, 置之兒前, 觀其發意所取, 以驗貪廉愚智, 名之爲試兒[2]. 親表聚集, 致讌享焉. 自兹已後, 二親若在, 每至此日, 嘗有酒食之事耳. 無教之徒, 雖已孤露[3], 其日皆爲供頓[4], 酣暢聲

1) 期(기) : 1주년을 가리킴.

2) 試兒(시아) : 돌잡이.

樂, 不知有所感傷. 梁孝元年少之時, 每八月六日載誕之辰[5], 常設齋講[6]; 自阮修容[7]薨歿之後, 此事亦絕.

---

3) 孤露(고로) : 고아가 되어 돌보는 사람이 없음. 부모 중 한쪽 또는 둘 다 죽음.

4) 供頓(공돈) : 술자리를 마련해 손님을 기다림.

5) 載誕之辰(재탄지신) : 생일.

6) 齋講(재강) : 불법을 알리는 집회.

7) 阮修容(완수용) : 양나라 무제의 비빈(妃嬪)이자 원제의 모친. 본래 성은 석(石), 이름은 영영(令嬴)이며, 회계(會稽) 사람이다. 수용(修容)은 옛날 궁내 여관(女官)의 이름으로, 구빈(九嬪) 중 하나.

천하의 사람들이 형제의 의를 맺는 것이 어찌 쉽겠는가. 반드시 뜻이 같고 의기가 맞먹어 시종일관한다면 가히 논할 수 있다. 일단 이와 같은 후에 아들에게 절을 하도록 하고 '어르신'이라 부르게 해, 부친의 친구에 대한 존경을 드러낸다. 자신도 그 부모를 모심에 예를 다해야 한다. 북방의 사람들을 보니 이 절도를 매우 경시해, 길을 가다 만나면 바로 순서를 결정하는데 나이를 묻고 외모만 보고 시비를 가리지 않으니, 부친뻘을 형으로 삼고 아들뻘을 아우로 삼게 되었다.

四海之人, 結爲兄弟, 亦何容易. 必有志均義敵, 令終如始[1]者, 方可議之. 一爾[2]之後, 命子拜伏, 呼爲丈人[3], 申父友之敬; 身事彼親, 亦宜加禮. 比見北人, 甚輕此節, 行路相逢, 便定昆季, 望年觀貌, 不擇是非, 至有結父爲兄, 託子爲弟者.

---

1) 令終如始(영종여시) : 시종여일(始終如一), 시종일관(始終一貫)의 뜻.

2) 爾(이) : '이와 같다[如此]'는 뜻.

3) 丈人(장인) : 옛날 노인에 대한 높임말, 항렬이 높은 장년에 대한 통칭.

모현(慕賢) : 성현을 본받다

옛사람들은 "천 년에 성인 한 명이 나오는 것은 조석과 같이 빠른 것이다. 오백 년에 현인 한 명이 나오는 것은 바로 연접한 것이다"라고 했다. 성현을 얻기 어려움이 이와 같이 오랜 시간이 걸린다는 것을 말한다. 만약 세상에서 보기 드문 현명한 군자를 만난다면 어찌 그를 우러러 존경하지 않겠는가. 나는 난세에 태어나 전쟁터에서 성장해 도처로 떠돌아다니며 보고 들은 것이 많다. 이름난 현인을 만나면 일찍이 정신이 도취되어 그를 경모하지 않음이 없었다. 소년기에는 성정이 정해지지 않아서 친근한 사람에게 감염이 되어 말과 행동을 무의식중에 배우며 시나브로 물들어 자연스럽게 되는데, 하물며 정조와 기예는 분명히 쉽게 배울 수 있는 것이 아니던가. 이에 선인과 함께 있으면 난초의 거실에 들어간 것과 같아 오래 있으면 절로 향기롭게 되고, 악인과 함께 있으면 소금에 절인 물고기의 점포에 들어간 것과 같아 오래 있으면 절로 냄새가 나게 된다. 묵자가 염색하는 것을 슬퍼한 것은 이를 일컫는 것이다. 군자는 반드시 교제에 신중해야 한다. 공자는 "자신보다 못한 자를 친구로 사귀지 말라"고 했다. 안회와 민손의 무리를 어찌 세상에서 만날 수 있으리오! 다만 나보다 우수하면 그를 존중할 만하도다.

古人云: "千載一聖, 猶旦暮也; 五百年一賢, 猶比髆也." 言聖賢之難得, 疏闊如此. 儻遭不世[1]明達君子, 安可不攀附景仰之乎? 吾生於亂世, 長於戎馬, 流離播越,[2] 聞見已多; 所値名賢, 未嘗不心醉魂迷向慕之也. 人在少年, 神情未定, 所與款狎[3], 熏漬陶染, 言笑擧動, 無心於學, 潛移暗化, 自然似之; 何況操履藝能, 較明易習者也? 是以與善人居, 如入芝蘭之室, 久而自芳也; 與惡人居, 如入鮑魚之肆, 久而自臭也.[4] 墨子悲於染絲,[5] 是之謂矣. 君子必愼交游焉. 孔子曰: "無友不如己者."[6] 顔·閔[7]之徒, 何可世得!

---

1) 不世(불세) : 한 세상에 있을 수 없다. 보기 드물다.

2) 流離播越(유리파월) : 의지할 곳을 잃고 떠돌아다니다.

3) 款狎(관압) : 친하다. 사이가 좋다.

4) 《공자가어(孔子家語)·육본(六本)》 참조.

5) 묵자(墨子)는 실을 푸른색으로 염색하면 파랗게 되고, 노란색으로 염색하면 노랗게 되는 것을 보고, 염색에 대해 조심하지 않을 수 없다고 탄식했다. 《묵자(墨子)·소염(所染)》 참조.

6) 《논어·학이(學而)》 참조.

7) 顔(안)·閔(민) : 공자의 제자 안회(顔回), 민손(閔損). 안회는 자가 자연(子淵)으로, 14세 때부터 평생토록 공자를 좇아 학업적 성취를 가장 크게 이루었다. 민손은 자가 자건(子騫)으로, 특히 효행으로 이름

但優於我, 便足貴之.

이 났다.

세상 사람들이 대부분 어두운 점은, 듣는 것을 귀히 하면서 보는 것을 천시하며, 먼 것을 중시하면서 가까운 것을 경시한다는 것이다. 어려서부터 자랄 때까지 서로 좇으면서, 만약 그중에 현명한 자가 있으면 업신여기며 예로써 공경하지 않는다. 다른 지역이라면 미천한 명성이라도 목을 빼고 발을 들어 바라보기가 굶주린 것보다 더하다. 장단점을 비교하고 그 우열을 조사하면 다른 지역의 사람이 가까운 곳의 사람만 못하다. 그리하여 노나라 사람은 공자를 동가구라고 했다. 옛날 우나라 궁지기는 임금보다 나이가 조금 많았는데, 임금이 그를 경시하고 간언을 받아들이지 않아서 망국에 이르렀으니, 마음에 새겨 두지 않을 수 없다.

世人多蔽, 貴耳賤目, 重遙輕近. 少長[1]周旋[2], 如有賢哲, 每相狎侮, 不加禮敬; 他鄉異縣, 微藉風聲, 延頸企踵,[3] 甚於飢渴. 校其長短, 覈其精麤, 或彼不能如此矣. 所以魯人謂孔子爲東家丘[4], 昔虞國宮之奇[5], 少長於君, 君狎之, 不

1) 少長(소장) : 어려서부터 자라서까지.

2) 周旋(주선) : 엎치락뒤치락 서로 좇다.

3) 延頸企踵(연경기종) : 목을 빼고 발꿈치를 들다.

4) 東家丘(동가구) : 노(魯)나라 사람들은 공자의 학덕을 알지 못해 그

納其諫, 以至亡國, 不可不留心也.

의 이름을 높여 부르지 않고 동가구라고 했다.

5) 宮之奇(궁지기) : 춘추 시대 우(虞)나라의 대부(大夫). 진(晉)나라 헌공(獻公)은 우나라에게 괵(虢)나라를 공격하고자 길을 빌려 달라고 했다. 우나라의 대신 궁지기는 순망치한(脣亡齒寒)을 예로 들며 간언해 진나라의 요구를 거절할 것을 주장했으나, 우공은 듣지 않았다. 결국 진나라 군대는 괵나라를 멸한 뒤 우나라를 멸했다.

그 의견을 채용하고 그 사람을 버리는 것은 옛사람이 부끄러워한 바다. 대개 한마디의 말과 하나의 행동은 다른 사람에게서 보고 배운 것이므로 모두 그것을 드러내어 칭찬하고 다른 사람의 좋은 점을 빼앗아 자기의 공로로 삼지 말아야 한다. 설령 지위가 낮고 신분이 천하더라도 반드시 그 공을 돌려주어야 한다. 다른 사람의 재산을 빼앗는 것은 형벌을 받아야 하고, 다른 사람의 공덕을 빼앗는 것은 귀신의 형벌을 받을 것이다.

用其言, 棄其身, 古人所恥. 凡有一言一行, 取於人者, 皆顯稱之, 不可竊人之美, 以爲己力; 雖輕雖賤者, 必歸功焉. 竊人之財, 刑辟之所處; 竊人之美, 鬼神之所責.

양 원제 소역이 이전에 형주에 부임했을 때 정첨이라는 사람이 있었는데, 그는 홍정 사람으로 자못 문장을 잘 썼으며, 특히 초서와 예서에 뛰어났다. 양 원제는 문장 기록을 모두 그가 하도록 시켰다. 이에 군부의 사람들이 그를 경멸하며 대부분 존중하지 않았으며, 그의 아들이 정첨을 모범으로 삼는 것을 수치스럽게 생각했으며, 그 당시의 말에 이르길 "정첨이 쓴 열 장의 글은 왕포가 쓴 몇 글자에 대적하지 못한다"고 했다. 그러나 나는 그의 필적을 좋아해 항상 귀중히 간직했다. 양 원제가 일찍이 전첨 혜편을 파견해 그 문장을 쇄주 소자운에게 보여 주었는데, 쇄주가 "군왕께서 근래 서한 및 시문을 써서 주셨는데, 유난히 훌륭한 솜씨이니 누구인고? 어찌 명성을 듣지 못했는가?"라고 묻자, 혜편이 사실대로 대답했다. 이에 소자운은 탄식하며 "이 사람은 후대 사람들이 비할 바가 아닌데 세상에서 이름이 나지 못한 것이 기이한 일이도다"라고 했다. 그리하여 이 이야기를 들은 사람이 점점 다시 괄목하게 되었다. 그 후 정첨은 상서의조랑의 관직에 올랐고, 마지막에는 진안왕의 시독이 되어 진안왕을 따라 강동으로 갔다. 서대가 함몰되자, 그가 쓴 간찰이 없어지고 정첨 또한 얼마 후 양주에서 죽었다. 이전에 경시한 사람들이 후일 종이 한 장이라도 얻고자 했으나 얻을 수 없었다.

梁孝元前在荊州[1], 有丁覘[2]者, 洪亭民耳, 頗善屬文, 殊工草隸; 孝元書記, 一皆使之. 軍府輕賤, 多未之重, 恥令子弟以爲楷法, 時云: "丁君十紙, 不敵王褒[3]數字." 吾雅愛其手迹, 常所寶持. 孝元嘗遣典籤[4]惠編送文章示蕭祭酒[5], 祭酒問云: "君王比[6]賜書翰, 及寫詩筆[7], 殊爲佳手, 姓名爲誰? 那得都無聲問?" 編以實答. 子雲嘆曰: "此人後生無比, 遂不爲世所稱, 亦是奇事." 於是聞者少復刮目. 稍仕至尙書儀曹郎[8], 末爲晉安王[9]侍讀[10], 隨王東下. 及西臺

---

1) 荊州(형주) : 현 후베이성 장링현(江陵縣).

2) 丁覘(징첨) : 양(梁) · 진(陳) 교체기 무렵의 서생 서예가. 《일본견재서목(日本見在書目)》에서는 그가 《천자문(千字文)》 1권을 지었다고 한다.

3) 王褒(왕포) : 북주의 문인. 자 자연(子淵). 박학다식하면서도 담소를 잘했고, 여러 서적을 두루 열람하고 문장을 잘 지었을 뿐 아니라 서예에도 뛰어났다. 서위(西魏)의 침입으로 양나라에서 북방으로 건너가서 유신(庾信)과 함께 이름을 날렸다.

4) 典籤(전첨) : 관명. 문서를 처리하는 소리(小吏).

5) 蕭祭酒(소 좨주) : 소자운(蕭子雲)을 가리킴. 왕포의 고모부. 좨주(祭酒)는 관명임.

6) 比(비) : 최근, 근래.

7) 詩筆(시필) : '시'는 운이 있는 문장, '필'은 운이 없는 문장.

8) 尙書儀曹郎(상서의조랑) : 중앙에서 행정을 총괄 집행하는 기구인

陷歿, 簡牘湮散, 丁亦尋卒於揚州; 前所輕者, 後思一紙, 不可得矣.

상서성(尙書省)의 관리.

9) 晉安王(진안왕) : 양 무제의 아들인 간문제(簡文帝) 소강(蕭綱)을 가리킴. 태청(太淸) 3년(549)에 즉위했으나, 대보(大寶) 2년(551) 후경(侯景)에게 피살되었다.

10) 侍讀(시독) : 제왕의 경사 강독을 맡음.

면학(勉學) : 학업에 힘쓰다

자고로 현명한 제왕은 반드시 부지런히 배웠으니, 하물며 일반 백성들이랴! 이 일은 경서와 사서에 널려 있어 내가 또 반복하지 않아도 되나, 잠깐 최근의 중요한 일을 예로 들어서 너희를 깨닫게 하고자 한다. 사대부의 자제는 몇 살 이상이 되면 가르침을 받지 않는 자가 없는데, 대다수가 《예경》, 《춘추삼전》을 배우고, 일부는 《시경》, 《논어》도 빼놓지 않는다. 관례, 성혼의 나이가 되면 체질과 성격이 점차 굳어지니, 이 천성을 따르면 그들을 훈도하는 데에 효과가 배가될 것이다. 뜻이 있는 사람은 절차탁마해서 학업을 완성하고, 절제를 하지 못한 사람은 저절로 게을러져서 평범한 사람이 된다. 사람은 평생을 살면서 한 직업에 종사하게 되는데, 농민은 농작물을 생각하고, 상인은 재화를 이야기하며, 기능공은 기물을 정교하게 하며, 예능인은 기예를 깊이 생각하며, 무인은 활과 말을 익히고, 문사는 경서를 토론한다. 대부분의 사대부는 농민과 상인을 멸시하고 기능공과 예능인의 기예를 중시하지 않으며, 활을 쏘게 하면 갑옷도 입을 수 없고 붓을 쥐게 하면 겨우 성명만 쓰면서 하루 종일 먹고 마시고 아무 일도

하지 않으며 하루를 낭비하며 일생을 마친다. 혹은 집안의 음덕에 힘입어 벼슬자리를 얻기도 하는데, 스스로 족하다고 생각하며 배우는 것을 완전히 잊어버린다. 길흉대사가 닥치면 득실을 논하나, 그저 입만 벌릴 뿐 마치 안개 속에 앉은 것과 같다. 공사의 연회에서 옛일을 논하고 시를 지으면 입을 다물고 머리를 숙이고서 하품하며 기지개를 켤 따름이다. 식견이 있는 사람이 옆에서 보면 그를 대신해 땅에 들어갈 만큼 부끄러워할 것이다. 어찌 부지런히 몇 년 배우는 것을 아까워해서 일생의 치욕을 오래도록 받을 것인가!

自古明王聖帝, 猶須勤學, 況凡庶乎! 此事徧於經史, 吾亦不能鄭重[1], 聊擧近世切要, 以啓寤[2]汝耳. 士大夫子弟, 數歲已上, 莫不被敎, 多者或至禮, 傳, 少者不失詩, 論[3]. 及至冠婚, 體性稍定; 因此天機[4], 倍須訓誘. 有志尙者, 遂能磨礪, 以就素業[5]: 無履立[6]者, 自玆墮[7]慢, 便爲凡人. 人

---

1) 鄭重(정중) : 빈번하다.

2) 寤(오) : '오(悟)'와 같은 뜻으로, '깨닫다'의 의미.

3) 論(논) : 《논어》를 가리킴.

4) 天機(천기) : 자연적인 성품. 천성.

5) 素業(소업) : 사대부가 종사하는 유업(儒業).

生在世, 會當[8]有業: 農民則計量耕稼, 喪賈則討論貨賄[9], 工巧則致精器用, 伎藝則沈思法術, 武夫則慣習弓馬, 文士則講議經書. 多見士大夫恥涉農商, 差務工伎, 射則不能穿札[10], 筆則纔記姓名, 飽食醉酒, 忽忽[11]無事, 以此鎖日, 以此終年. 或因家世餘緒[12], 得一階半級, 便自爲足, 全忘修學; 及有吉凶大事, 議論得失, 蒙然張口, 如坐雲霧; 公私宴集, 談古賦詩, 塞默[13]低頭, 欠伸[14]而已. 有識旁觀, 代其入地. 何惜數年勤學, 長受一生愧辱哉!

---

6) 履立(이입) : 절조. 지조. 절개.

7) 墮(타) : '타(惰)'와 같은 뜻으로, '나태하다'의 의미.

8) 會當(회당) : 응당.

9) 貨賄(화회) : 재화, 재물.

10) 札(찰) : 갑옷에 가죽 또는 금속으로 만든 장식.

11) 忽忽(홀홀) : 혼미하다.

12) 餘緒(여서) : 후세에 남겨 전하는 남은 부분. 조상의 음덕을 가리킴.

13) 塞默(색묵) : 입을 닫고 소리를 내지 않음.

14) 欠伸(흠신) : 하품과 기지개를 아울러 이르는 말.

양나라가 흥성했을 때 귀족의 자제들은 대부분 학문을 닦지 않아, 속담에 "수레에 올라 떨어지지 않으면 저작랑이 되고, 붓을 들어 상대의 안부를 물을 수 있으면 비서랑이 된다"고 했다. 향기가 밴 옷을 입고 면도를 했으며 분칠을 하고 덮개로 덧씌운 수레를 타며 나무로 높게 만든 신을 신고 장기판처럼 짠 비단 요에 앉아 온갖 색실로 짠 큰 베개에 기대고 좌우로 완구를 늘어놓고서 유유자적 출입하며 신선과 같이 멀리 내다보지 않음이 없다. 명경으로 급제하고자 사람을 고용해 대책에 답하고, 삼공구경의 연회에서 다른 사람의 손을 빌려 시를 짓는다. 이때에는 그들은 명사였다. 그러나 동란이 이른 후, 조정은 뒤바뀌었다. 인재를 시험해 선발하고 더 이상 친척에서 뽑지 않았고 집권해 권력을 장악하니 옛날의 당원을 볼 수 없었다. 자신에게서 구하고자 하지만 얻는 것이 없고, 세상에 헌신하고자 하지만 쓰임새가 없다. 갈옷을 입어 보석이 빛을 상실했고, 가죽옷을 잃어 속살을 드러내니, 고목과 같이 위태하고 힘없이 멎어 있는 듯하며, 전쟁 속에 떠돌아다니고 웅덩이 사이에서 죽어 간다. 이때에는 참으로 미련한 사람이었다. 학예가 있는 사람은 어떤 곳에서든지 편안하다. 황망하게 된 이후로 포로를 여럿 보았는데, 비록 대대로 소인이었으나, 《논어》·《효경》을 읽은 자는 또한 다른 사람의 스승이 되었다. 오랜 세월 문벌이었더라도 글을 지을 줄 모른다면 농사를 짓고 말을 키우지 않는 자가 없었다. 이로 보건대 어찌 스스로 힘쓰지 않겠는가. 만약 항상 수백 권의 서적을 유지할 수 있다면 천년이 지나도 끝내 소인이 되지 않을 것이다.

梁朝全盛之時, 貴遊[1]子弟, 多無學術, 至於諺云: "上車不落則著作[2], 體中何如[3]則秘書[4]." 無不熏衣剃面, 傅粉施朱, 駕長檐車[5], 跟高齒屐[6], 坐棊子方褥[7], 憑斑絲[8]隱囊[9], 列器玩於左右, 從容出入, 望若神仙. 明經[10]求第, 則顧[11]人答策[12], 三九[13]公讌, 則假手賦詩. 當爾之時, 亦快

---

1) 貴遊(귀유) : 관직이 없는 왕공 귀족을 가리킴.

2) 著作(저작) : 저작랑(著作郞). 중서성에 속하며, 국사 편찬을 담당.

3) 體中何如(체중하여) : 편지글에 쓰는 일종의 격식어로 '근래 어떠하십니까'라는 의미.

4) 秘書(비서) : 비서랑(秘書郞). 비서성에 속하며, 도서 관리를 담당.

5) 長檐車(장첨거) : 덮개가 덮인 수레.

6) 高齒屐(고치극) : 나막신의 일종. 육조 시대 문인들이 매우 좋아함.

7) 棊子方褥(기자방욕) : 바둑판 모양으로 짠 네모난 요.

8) 斑絲(반사) : 여러 가지 색실로 짠 것.

9) 隱囊(은낭) : 오늘날 팔을 괴고 기대는 베개.

10) 明經(명경) : 경의(經義)로써 인재를 선발하는 것.

士[14]也. 及離亂之後, 朝市[15]遷革. 銓衡[16]選擧, 非復曩者之親; 當路[17]秉權, 不見昔時之黨. 求諸身而無所得, 施之世而無所用. 被褐[18]而喪珠, 失皮而露質,[19] 兀[20]若枯木, 泊[21]若窮流, 鹿獨[22] 戎馬之間,轉死溝壑之際. 當爾之時, 誠駑材[23]也. 有學藝者, 觸地[24]而安. 自荒亂已來, 諸見俘

---

11) 顧(고) : '고(雇)'와 같은 뜻으로, '고용하다'의 의미.

12) 答策(답책) : 대책(對策). 정사(政事)나 경서 등을 물으면 대답하는 것.

13) 三九(삼구) : '삼공구경(三公九卿)'의 줄임말로 한나라 이래의 상용어임.

14) 快士(쾌사) : '가사(佳士)'. 훌륭한 선비를 말함.

15) 朝市(조시) : 조정을 가리킴.

16) 銓衡(전형) : 인재를 시험해 선발함.

17) 當路(당로) : 정책을 집행하고 권력을 장악하다.

18) 被褐(피갈) : 갈옷을 입다.

19) 失皮而露質(실피이로질) : 겉으로는 강하나 안으로는 약함을 비유함. 《법언(法言) · 오자(吾子)》에서 출전. 양의 성질을 지니고 있으면 호랑이 가죽을 입는다 할지라도 풀을 보면 기뻐하고 표범을 보면 전전긍긍하니, 호랑이 가죽을 입고 있음을 잊어버림이라(羊質而虎皮, 見草而悅, 見豺而戰, 忘其皮之虎也).

20) 兀(올) : '올(杌)'과 같은 글자로, '위태하다'의 의미.

21) 泊(박) : 멎다.

22) 鹿獨(녹독) : 이리저리 떠돌아다니다.

虜, 雖百世小人, 知讀論語, 孝經者, 尙爲人師, 雖千載冠冕[25], 不曉書記者, 莫不耕田養馬. 以此觀之, 安可不自勉耶? 若能常保數百卷書, 千載終不爲小人也.

---

23) 駑材(노재) : 둔재.

24) 觸地(촉지) : 어디를 막론하고.

25) 冠冕(관면) : 갓과 면류관이라는 뜻으로, 벼슬아치를 비유적으로 이르는 말.

배움은 이로움을 얻기 위해서 한다. 수십 권의 서적을 읽었다고 자만하면서 윗사람을 경시하고 동년배를 무시하는 사람을 보았다. 사람들이 그를 원수같이 질책하며 까마귀만큼 싫어한다. 이처럼 배워서 스스로에게 해가 된다면 배우지 않는 것만 못하다.

夫學者所以求益耳. 見人讀數十卷書, 便自高大, 凌忽[1]長者, 輕慢同列[2]; 人疾之如讎敵, 惡之如鴟梟[3]. 如此以學自損, 不如無學也.

---

1) 凌忽(능홀) : 경시하다.

2) 同列(동렬) : 동년배. 지위가 같은 사람.

3) 鴟梟(치효) : 포악하게 빼앗는 성질이 있는 사람을 비유적으로 이르는 말.

옛날의 배우는 자들은 자신을 위한 것으로서 부족한 것을 보충했으나, 오늘날의 배우는 사람들은 다른 사람을 위한 것으로 오직 말솜씨가 좋을 뿐이다. 옛날의 학자는 다른 사람을 위해 도를 실천함으로써 세상을 이롭게 했으나, 오늘날의 학자는 자기를 위해 수련함으로써 벼슬을 구한다. 대개 배우는 것은 나무를 심는 것과 같아, 봄에는 꽃을 구경하고 가을에는 열매를 거두는데, 문장을 강론하는 것은 봄꽃이요, 자신을 수양해 실천에 이롭게 하는 것은 가을의 열매로다.

古之學者爲己, 以補不足也; 今之學者爲人, 但能說之也. 古之學者爲人, 行道以利世也; 今之學者爲己, 修身以求進也. 夫學者猶種樹也, 春玩其華, 秋登其實, 講論文章, 春華也, 修身利行, 秋實也.

배움의 흥성과 쇠퇴는 세상의 변화에 따라 다르다. 한 나라의 현명한 준사는 모두 한 부의 경서로써 성인의 도를 넓혀 위로는 천문에 밝고 아래로는 인사에 통달해, 이것으로써 경상의 관직에 이르는 자가 많았다. 말세가 이른 후에는 다시는 이와 같지 않아 부질없이 장구를 중시해 오직 선생의 말을 외우므로 세상을 다스리는 일에 쓰기에는 거의 도움이 되지 않는다. 그러므로 사대부의 자제들은 두루 학습하는 것을 귀히 여기고 오직 유가의 경전만을 학습하지 말지니라. 양나라는 황손 이하로 어린 시절에 반드시 먼저 공부를 시켜 그 뜻을 살피게 했고, 관직에 나아간 이후에도 문리에 종사하게 했으나, 거의 학업을 마친 사람이 없었다. 관리로서 학업을 이룬 사람으로는 하윤, 유환, 명산빈, 주사, 주이, 주홍정, 하침, 하혁, 소자정, 유도 등이 있는데, 문사에 두루 통했지만 오로지 경술만 강론할 뿐이었다. 낙양에는 또한 최호, 장위, 유방이 이름났고, 업하에는 형소가 보인다. 이 네 명의 유학자는 비록 경술에 뛰어났으나 다재다능한 것으로 이름이 났다. 이와 같은 여러 현인들은 상품이 된다. 이외 대다수 평민들은 언어가 비루하고 행동거지가 졸렬하며 서로 고집만 부리고 능한 것이 없으며, 한마디 물으면 수백 마디의 대답을 하지만, 주제를 따지면 간혹 요점을 말하지 못한다. 업하의 속담에 "박사가 당나귀를 사려고 계약서를 세 장 적었는데 당나귀란 글자가 없다"고 했다. 너희에게 이런 사람을 스승으로 모시라고 한다면 기가 막힐 것이다. 공자는 "배우라, 봉록이 그중에 있다"고 했다. 지금 무익한 일에 힘쓰는 사람이 있다면 아마 직업이 아니기 때문일 것이다. 무릇 성인의 서적이란 가르침을 주는 것이므로 오직 경문에 밝고 그 의미를 통달하면 항상 언행에 도움이 있을 것이며, 또한 사람답게 될 수 있을 것이다. 하필 '중니거'에 대해 두 장의 종이에 주해를 달면서, 한가로이 쉬는 곳인지 강론하는 장소인지 또 어디인지를 따질 필요가 있겠는가. 이것으로써 이긴다 해도 어찌 이로움이 있겠는가. 세월은 아껴야 하느니, 흘러가는 물과 같도다. 여러 서적의 핵심을 두루 익혀서 학업에 성취가 있으면 반드시 두루 잘하게 되어 내가 더 이상 말할 게 없을 것이다.

學之興廢, 隨世輕重. 漢時賢俊, 皆以一經弘聖人之道, 上明天時, 下該人事, 用此致卿相1)者多矣. 末俗已來不復爾, 空守章句, 但誦師言, 施之世務, 殆無一可. 故士大夫子弟, 皆以博涉爲貴, 不肯專儒. 梁朝皇孫以下, 總丱2)之

---

1) 卿相(경상) : 육경(六卿)과 삼상(三相)을 아울러 이르는 말.

2) 總丱(총관) : 옛날 아동은 머리를 두 갈래로 묶었는데, 마치 뿔 같았

年, 必先入學, 觀其志尙, 出身已後, 便從文吏[3], 略無卒業者. 冠冕爲此者, 則有何胤[4], 劉瓛, 明山賓,[5] 周捨,[6] 朱異,[7] 周弘正,[8] 賀琛,[9] 賀革,[10] 蕭子政,[11] 劉緖[12]等, 兼通文史, 不徒講說也. 洛陽亦聞崔浩[13], 張偉,[14] 劉芳,[15] 鄴

다. 사내아이를 가리킴.

3) 文吏(문사) : 문관(文官).

4) 何胤(하윤) : 남조 송 · 제 · 양 시기의 학자. 유환(劉瓛)에게서 《주역》, 《예기》, 《모시(毛詩)》를 전수받음.

5) 明山賓(명산빈) : 양나라 학자. 7세에 현리를 알아듣고, 13세에 경전에 통함. 오경박사(五經博士), 동궁학사(東宮學士)를 지냈다.

6) 周捨(주사) : 제 · 양 시기의 학자, 시인. 박학다식하며 의리(義理)에 정통했다. 부친 주옹(周顒)은 성률에 능통했는데, 주사 또한 성운에 능통했으므로 양 무제가 자주 그에게 사성(四聲)을 물었다.

7) 朱異(주이) : 양나라 문인. 오경을 두루 공부했으며, 특히 《예기》와 《주역》에 밝았다. 문사를 섭렵하고 잡예에도 능했다.

8) 周弘正(주홍정) : 양 · 진 시대의 학자, 시인. 주사의 조카. 10세에 《노자(老子)》, 《주역》을 깨우쳤다.

9) 賀琛(하침) : 양나라 관리. 삼례에 정통했다. 교묘(郊廟)의 여러 의례를 창제하기도 했다.

10) 賀革(하혁) : 양나라 관리. 하창(賀瑒)의 아들. 어려서부터 삼례에 능통했다.

11) 蕭子政(소자정) : 양나라 관리. 주례(周禮)에 능했으며 서체에도 밝았다.

12) 劉縚(유도) : 유소(劉昭)의 아들. 삼례(三禮)에 능통.

下又見邢子才[16]: 此四儒者, 雖好經術, 亦以才博擅名. 如此諸賢, 故爲上品[17], 以外率多田野閒人, 音辭鄙陋, 風操蚩拙[18], 相與專固[19], 無所堪能, 問一言輒酬數百, 責其指歸[20], 或無要會[21]. 鄴下諺曰 : "博士[22]買驢, 書劵三紙, 未有驢字." 使汝以此爲師, 令人氣塞. 孔子曰: "學也祿在其中矣."[23] 今勤無益之事, 恐非業也. 夫聖人之書, 所以設教, 但明練經文, 粗通注義, 常使言行有得, 亦足爲人. 何必"仲尼居"[24], 卽須兩紙疏[25]義, 燕寢[26]講堂[27], 亦復何

---

13) 崔浩(최호) : 북위(北魏)의 대신. 학자, 서예가. 경사와 음양오행 등을 두루 알았다. 경전의 의리에 밝아 그를 능가하는 사람이 없었다.

14) 張偉(장위) : 북위의 학자. 여러 경서에 능통해 많은 문인들이 따랐다.

15) 劉芳(유방) : 북위의 학자. 음훈에 매우 밝았다.

16) 邢子才(형자재) : 형소(邢劭), 북제의 학자. 암기가 뛰어나 하루에 만여 문장을 외웠다. 온자승(溫子升)과 함께 북제 시대의 문장가로 이름을 날렸다.

17) 上品(상품) : 9품 중의 상상품.

18) 蚩拙(치졸) : 우매함.

19) 專固(전고) : 완강함.

20) 指歸(지귀) : 주제.

21) 要會(요회) : 요지.

22) 博士(박사) : 관명.

23) 《논어 · 위령공(衛靈公)》 참조.

在? 以此得勝, 寧有益乎? 光陰可惜, 譬諸逝水.[28] 當博覽機要, 以濟功業; 必能兼美, 吾無閒焉.[29]

---

24) 仲尼居(중니거) : 《효경(孝經) · 개종명의(開宗明義)》 제1장 첫 구에 나오는 말. 공자와 그의 제자 증자(曾子)의 대화를 담고 있다. '중니'는 공자의 자. 여기서는 유학자들이 장구에 얽매여서 이 구절에서 말하는 공자가 앉은 곳이 어디인지를 부질없이 따지는 세태를 비판한 것임.

25) 疏(소) : 소주(疏註). 본문에 대한 주해. 또는 이전 사람의 주해에 대한 주해.

26) 燕寢(연침) : 한가하게 쉬는 곳.

27) 講堂(강당) : 강습 장소.

28) 《논어 · 자한(子罕)》 참조.

29) 《논어 · 태백》 참조.

문자는 서적의 근본이다. 세상의 배우는 무리들은 대부분 글자를 알지 못한다. 오경을 읽는 자는 서막이 옳다 하고 허신을 그르다 한다. 사부 짓기를 배우는 자는 저전지를 믿고 여침을 경시한다. 《사기》에 밝은 자는 서광과 추탄생을 중시해 소전과 주문을 방치한다. 《한서》를 배우는 자는 응소, 소림을 중시하고, 《창힐편》, 《이아》는 홀시한다. 그들은 어음(語音)은 문자의 작은 기술이고, 자의(字義)가 문자의 근본임을 모른다. 복건, 장읍의 음의를 보고서는 귀히 여겼으나, 《풍속》, 《광아》를 얻고서는 중시하지 않았다. 동시대 사람에게서 나온 책도 이렇게 다를진대, 하물며 다른 시대, 다른 사람의 것에는 어떻겠는가.

夫文字者, 墳籍根本. 世之學徒, 多不曉字. 讀五經者, 是徐邈[1]而非許愼[2]; 習賦[3]誦者, 信褚詮[4]而忽呂忱[5], 明史

---

1) 徐邈(서막) : 서진의 학자. 성품이 단아하고 학문이 넓다. 독서를 좋아해 밖에 잘 다니지 않았다. 《오경음훈(五經音訓)》을 지었다.

2) 許愼(허신) : 동한 시대의 경학자이자 문자학자. 가규(賈逵)에게 사사했고, 특히 훈고에 뛰어났다. 《오경이의(五經異義)》, 《설문해자(說文解字)》 등을 지음.

3) 賦(부) : 한문 문체의 하나로 운을 넣어 짓는 글. 전국 시대 굴원(屈原)의 《초사(楚辭)》에서 비롯되어 '사부(辭賦)'라고도 하며 한나라 때 크게 발전했다.

記者, 專徐・鄒[6]而廢篆籒[7], 學漢書者, 悅應・蘇[8]而略蒼[9], 雅[10]. 不知書音是其枝葉, 小學[11]乃其宗系. 至見服虔[12]・張揖[13]音義則貴之, 得風俗[14], 廣雅[15]而不屑. 一

---

4) 褚詮(저전) : 저전지(褚詮之). 남조 송나라 학자. 〈백부음(百賦音)〉 시부를 잘 지었다.

5) 呂忱(여침) : 서진의 학자. 《설문해자》를 모방해 《자림(字林)》을 지었다.

6) 徐(서)・鄒(추) : 서광(徐廣)과 추탄생(鄒誕生)을 가리킴. 서광은 남조 송나라 중산대부(中散大夫)로 《사기음의(史記音義)》를 지었다. 추탄생은 남조 양나라 경거록사참군(輕車錄事參軍)으로 《사기음(史記音)》을 지었다.

7) 篆籒(전주) : 고대의 서체. '전'은 소전(小篆), '주'는 대전(大篆)을 가리킴.

8) 應(응)・蘇(소) : 응소(應劭)와 소림(蘇林)을 가리킴. 응소는 동한 말기의 학자이자 문인으로 《한서집해음의(漢書集解音義)》를 지었다. 소림은 동한 말기의 학자이자 문인이다.

9) 蒼(창) : 진(秦)나라 이사(李斯)가 지은 《창힐편(蒼頡篇)》을 가리킴.

10) 雅(아) : 《이아(爾雅)》를 가리킴.

11) 小學(소학) : 한대(漢代)에는 문자학을 소학이라고 했다. 아동은 문자를 먼저 배운 후 경학을 공부했다. 수당 시대 이후에 소학은 문자학・훈고학・음운학을 통칭하는 말이 되었다.

12) 服虔(복건) : 동한 시대의 경학가, 문자학자.

13) 張揖(장읍) : 삼국 시대 위나라의 문인.

14) 風俗(풍속) : 《통속문(通俗文)》을 가리킴.

手[16]之中, 向背如此, 況異代各人乎?

15) 廣雅(광아) : 장읍이 편찬한 자전. 《이아》를 증보한 것으로, 고서(古書)의 자구를 해석하고 경서(經書)를 고증하고 주석을 달았다. 그러나 내용은 《이아》와 중복되지 않는 독자적인 것이다. 수나라 양제(煬帝) 양광(楊廣)의 이름을 피휘해 '박아(博雅)'라고도 불린다.

16) 一手(일수) : 동일인의 필적.

서적을 교정하는 것이 어찌 쉽겠는가. 양웅, 유향에게서 비로소 이 직업이 일컬어지게 되었다. 천하의 서적을 보는 것을 다하지 못했으면 망령되이 고치지 말아야 한다. 저것이 잘못되고 이것이 옳다고 하거나, 혹은 근본은 같지만 표현이 다르거나, 혹은 두 문장이 모두 결핍되었다고 하더라도 한쪽만을 편벽되이 믿을 수 없다.

校定書籍, 亦何容易, 自揚雄[1] · 劉向,[2] 方稱此職耳. 觀天下書未徧, 不得妄下雌黃[3]. 或彼以爲非, 此以爲是; 或本同末異; 或兩文皆欠, 不可偏信一隅也.

---

1) 揚雄(양웅) : 서한 시대의 문학가, 철학가, 언어학자, 자는 자운(子雲). 말을 더듬어서 서적만 탐독하며 사색을 즐겼다. 왕망(王莽)의 정권에 나아가 벼슬했으며, 천록각(天祿閣)의 도서를 교서했다.

2) 劉向(유향) : 서한 시대의 경학가, 목록학자, 문학가. 자는 자정(子政). 수십 편의 부송(賦頌)을 지었으며, 신선방술에도 관심이 많았다. 궁중 도서관에서 오경을 강의했다. 그가 지은 《별록(別錄)》은 후대 그의 아들 유흠(劉歆)이 《칠략(七略)》을 저술하는 바탕이 되었는데, 이는 중국의 체계 목록학의 시작이라 할 것이다.

3) 雌黃(자황) : 글자를 지우는 데 사용하는 광물.

문장(文章) : 문장에 관해

대개 문장은 오경에서 기원한다. 조 · 명 · 책 · 격은 《서경》에서 생겨났다. 서 · 술 · 논 · 의는 《역경》에서 생겨났다. 가 · 영 · 부 · 송은 《시경》에서 생겨났다. 제 · 사 · 애 · 뇌는 《예기》에서 생겨났다. 서 · 주 · 잠 · 명은 《춘추》에서 생겨났다. 조정의 헌장, 군대의 서고는 인의를 널리 드러내고 공덕을 밝히므로 백성을 다스리고 나라를 세우는 데에 사용되는 용도가 다양하다. 문장으로 성령을 도야해 풍간이 완곡해지고 그 재미에 빠져드는 것은 또한 즐거운 일이다. 실천하고 여력이 있으면 배워 익힐 만하다. 그러나 옛날부터 문인은 대부분이 경박함으로 떨어졌으니, 굴원은 재주를 드러내 자기를 널리 알리고 폭군의 잘못을 폭로했다. 송옥은 용모를 가다듬어 배우를 만난 듯하다. 동방삭은 익살스러워 고상하지가 않다. 사마상여는 재화를 훔쳤고 지조가 없다. 왕포가 과부를 찾아간 잘못이 〈동약〉에서 드러나며, 양웅의 덕은 왕망의 정권을 찬양한 글인 〈미신〉에서 훼손되었다. 이릉은 오랑캐에게 투항해 욕보았다. 유흠은 왕망이 집정했을 때 배반했다. 부의는 권문세족과 결당해 의지했다. 반고는 부친의 역사를 표절했다. 조일은 과도하게 거만했다. 풍연은 문장이 화려했으나 배척당했다. 마융은 아첨해서 책망을 받았다. 채옹은 나쁜 무리와 함께해 벌을 받았다. 오질은 향리에서 책망을 당했고, 조식은 오만해 법을 어겼다. 두독은 다른 사람에게 구걸하는 데 싫증 내지 않았다. 노수는 마음이 심히 좁았다. 진림은 사실 경솔하다고 불렸고, 번흠은 천성이 격식이 없었다. 유정은 완강해서 고역을 받았다. 왕찬은 경솔해 다른 사람이 싫어했다. 공융과 예형은 방탕하고 오만해 살해되었다. 양수와 정이는 반란을 선동해 목숨을 잃었다. 완적은 무례해 풍속을 망쳤다. 혜강은 다른 사람을 업신여겨 보기 흉하게 생을 거두었다. 부현은 투쟁을 하다 관직을 잃었다. 손초는 자만해 상사를 능멸했다. 육기는 도리를 그르쳐 험난한 길을 갔다. 반악은 요행으로 이익을 챙기려다 위험에 빠졌다. 안연지는 감정에 북받쳐 내몰려 났다. 사영운은 경솔해 기강을 어지럽혔다. 왕융은 어지러운 난을 일으켜 해를 자초했다. 사조는 모욕을 당해 해를 입었다. 이러한 여러 사람들은 모두 뛰어난 사람인데 다 기록할 수가 없으니 대략 이와 같도다. 제왕 또한 이러한 것을 면할 수 없었다. 옛날부터 천자이면서 재능이 있는 사람으로는 오직 한 무제, 위 태조, 위 문제, 위 명제, 송 효무제인데, 모두 세상 사람들의 비평을 받았으니, 미덕의 군자는 아니다. 자유, 자하, 순황, 맹가, 매승, 가의, 소무, 장형, 좌사의 무리에서 명성이 나고 잘못을 면한 사람을 때로는 듣기도 했지만 실패가 있는 사람이 많을 뿐이었다. 매번 이것을 생각해 그 속에서의 이치를 거슬러 올라가니, 문장의 풍격은 감흥을 끄집어내고 성령을 이끌며 사람들이 자신을 뽐낼 수 있게 하므로 지조를 고수하는 것을 등한시하고 과감하게 나아갈 수 있다. 오늘날의 문사는 이 병폐가 더욱 깊어져, 한 전고를 적당하게 사용하고 한 문장을 교묘하게 사용하면 신명을 높은 하늘에 닿게 하고 의기가 천년을 능가할진대, 자화자찬하면서 옆에 다른 사람이 있음을 알지 못한다. 게다가 언어로써 상처를 받는 것이 창끝에 찔리는 것보다 더 참혹하고, 풍자로 인한 재앙이 바람과 먼지보다 더 재빠르므로 각별히 대비함으로써 길운을 보호해야 할 것이다.

夫文章者, 原出五經:[1] 詔命策檄,[2] 生於書者也; 序述論

---

1) 이 관점은 유협(劉勰)의 문학 이론과 동일하다고 할 수 있다.《문심조룡(文心雕龍) · 종경(宗經)》 참조.

2) 詔命策檄(조명책격) : 고대의 문체. 명령류의 문서. '조'는 조서(詔書)로 상부에서 아래로 내리는 명령문. '명'은 명령(命令), 교령(敎令). '책'은 봉책(封策)으로 황제가 내리는 명령인데, 봉지(封地)나 관직 수

議,[3] 生於易者也; 歌詠賦頌,[4] 生於詩者也; 祭祀哀誄,[5] 生於禮者也; 書奏箴銘,[6] 生於春秋者也. 朝廷憲章[7], 軍旅誓誥[8], 敷顯仁義, 發明功德, 牧民建國, 施用多途. 至於陶冶性靈, 從容諷諫, 入其滋味, 亦樂事也. 行有餘力, 則可習之. 然而自古文人, 多陷輕薄, 屈原[9]露才揚己, 顯暴君過; 宋玉[10]體貌容冶, 見遇俳優; 東方曼倩,[11] 滑稽不雅,

---

여에 많이 사용. '격'은 관방 문서에 사용되는 목간으로 징집이나 탄핵 등에 많이 사용.

3) 序述論議(서술논의) : 고대의 문체. '서'는 작품 내용을 평가하는 글. '술'은 기술(記述), 진술(陳述). '논'은 평론, 변론. '의'는 설리(說理).

4) 歌咏賦頌(가영부송). 고대의 시체(詩體).

5) 祭祀哀誄(제사애뢰). 고대의 애제류(哀祭類) 문체.

6) 書奏箴銘(서주잠명) : 고대의 문체. '서'는 서신이나 상서(上書)류의 문장. '주'는 주서(奏書). '잠'은 훈계류의 문장. '명'은 비석에 새기는 문장.

7) 憲章(헌장) : 전장(典章) 제도를 기록한 관청 문서.

8) 誓誥(서고) : 서언, 서약.

9) 屈原(굴원) : 전국 시대 초(楚)나라 문인. 이름 평(平), 자 원(原). 초나라 회왕(懷王)의 좌도(左徒)의 중책을 맡아 활약했으나, 여러 대신들의 중상모략을 끊임없이 받았다. 결국 장사(長沙)의 멱라강(汨羅江)에 투신해 죽었다. 후대 한부(漢賦)의 발전에 큰 영향을 미쳤다.

10) 宋玉(송옥) : 전국 시대 초나라 궁정 시인. 굴원에 버금가는 사부(辭賦) 작가.

11) 東方曼倩(동방만천) : 동방삭(東方朔). 한나라 문인으로 익살의 재

司馬長卿,[12] 竊貲無操; 王褒[13]過章僮約; 揚雄[14]德敗美新; 李陵[15]降辱夷虜; 劉歆[16]反覆莽世; 傅毅[17]黨附權門; 班固[18]盜竊父史; 趙元叔[19]抗竦過度; 馮敬通[20]浮華擯壓;

사(才士). 한 무제의 총애를 받았다. 부국강병책을 주장했으나 받아들여지지 않았다.

12) 司馬長卿(사마장경) : 사마상여(司馬相如).

13) 王褒(왕포) : 서한 시대의 문장가. 사부를 잘 지어서 당시 이름을 날렸는데, 〈동약(僮約)〉에서 자신이 일찍이 과부인 양혜(楊惠)의 집에 간 적이 있다고 고백한 것을 두고, 그 행동이 봉건사회의 규범에 맞지 않음을 안지추가 꼬집어 나무란 것이다.

14) 揚雄(양웅) : 서한 시대의 문장가. 그가 지은 〈극진미신(劇秦美新)〉은 진(秦)나라의 잔혹함을 비판하고, 왕망의 정권을 찬송한 글이다.

15) 李陵(이릉) : 서한 시대의 장수. 한나라 명장 이광(李廣)의 손자. 이광리(李廣利)가 흉노를 칠 때 출정해 흉노의 배후를 기습해서 이광리를 도왔으나, 무기와 식량이 떨어져 흉노에 투항했다. 이에 격분한 무제가 그를 죽이려 하자 사마천이 그를 변호하다 궁형을 당했다. 투항한 이후 선우(單于)의 딸을 아내로 맞이해 군사 고문 역할을 하다가 몽골 고원에서 병사했다.

16) 劉歆(유흠) : 서한 말기의 학자, 사부가, 산문가, 목록학자로 유향(劉向)의 아들이다. 궁정의 장서를 정리하고 육예의 여러 서적을 7종으로 분류해 《칠략(七略)》을 지었다. 왕망(王莽)이 '신(新)'을 세운 후 국사(國師)로 초빙했다. 후일 모반을 기도하다 실패하자 자살했다.

17) 傅毅(부의) : 동한의 사부가, 시인. 장제(章帝) 때 난대영사(蘭臺令史)가 되어 반고 등과 궁정의 장서를 교서했다.

18) 班固(반고) : 동한의 역사학자, 사부가, 산문가. 반표(班彪)의 아들

馬季長[21]佞媚獲誚; 蔡伯喈[22]同惡受誅; 吳質[23]詆忤鄉里; 曹植[24]悖慢犯法; 杜篤[25] 乞假無厭;路粹[26]隘狹已甚; 陳琳[27]實號鑣疎; 繁欽[28]性無檢格; 劉楨[29]屈强輸作; 王

로 부친의 유업을 계승해《한서》를 완성했다. 여러 서적을 관통해 제자백가에 통하지 않음이 없었다.

19) 趙元叔(조원숙) : 조일(趙壹). 동한 시대의 문학가. 체격이 우람했고, 재주를 믿어 다소 거만했다.

20) 馮敬通(풍경통) : 풍연(馮衍). 동한 시대의 문학가. 9세 때《시경》을 외우고, 20세에 여러 서적에 두루 통달했다. 왕망 정권 때 많은 사람들이 그를 추천했으나 나아가지 않았다.

21) 馬季長(마계장) : 마융(馬融). 동한 시대의 경학가, 사부가. 정현(鄭玄)에게 사사했고, 여러 문하를 배출했다.

22) 蔡伯喈(채백개) : 채옹(蔡邕). 동한 시대의 산문가, 사부가. 문장뿐 아니라 술수 · 천문 · 음악 · 서예에 뛰어났다. 특히 비백체(飛白體)를 창시했다. 영제(靈帝) 때 동관(東觀)에서 여러 서적을 교정했다.

23) 吳質(오질) : 삼국 시대 위나라 문인. 한문(寒門)에서 태어나 향리에서 중시되지 못했으나, 건안(建安) 연간 조조(曹操)의 막부에 들어가 조씨 부자에 의해 중용되었다.

24) 曹植(조식) : 삼국 시대 위나라 문인. 자는 자건(子建). 진사왕(陳思王)이라고도 불림.

25) 杜篤(두독) : 동한 시대의 사부가. 박학다식했으나 예의가 없어서 향리 사람들에 의해 중시되지 못했다.

26) 路粹(노수) : 삼국 시대 위나라 문인. 어릴 때 채옹의 문하에서 학업을 배웠다.

粲[30]率躁見嫌; 孔融[31]禰衡, 誕傲致殞; 楊修[32] · 丁廙[33], 扇動取斃; 阮籍[34]無禮敗俗; 嵇康[35]凌物凶終; 傅玄[36]忿

---

27) 陳琳(진림) : 삼국 시대 위나라 문인. 자는 공장(孔璋). 건안칠자(建安七子) 중 한 사람. 처음에 원소(袁紹)를 따랐으나, 후일 조조의 막부로 들어감.

28) 繁欽(번흠) : 삼국 시대 위나라 문인. 문장에 능했고, 변론의 재주가 있어 이름이 났다.

29) 劉楨(유정) : 삼국 시대 위나라 문인. 자는 공간(公幹). 건안칠자 중 한 사람.

30) 王粲(왕찬) : 삼국 시대 위나라 문인. 자는 중선(仲宣). 건안칠자 중 한 사람. 건안칠자 중 조씨 부자에게 가장 신뢰를 받았으며, 관직 또한 가장 높았다. 경학에 통했을 뿐 아니라 산술 및 서예에도 뛰어났다.

31) 孔融(공융) : 삼국 시대 위나라 문인. 자는 문거(文擧). 건안칠자 중 한 사람. 공자의 20세손.

32) 楊修(양수) : 삼국 시대 위나라 문인. 재주와 문예를 겸비해 조식의 총애를 받음.

33) 丁廙(정이) : 삼국 시대 위나라 문인. 부친이 조조에게 도움을 주어 정이 형제는 모두 조조에 의해 중용되었다. 후일 조식을 추앙해 조비가 왕위에 오른 뒤에 두 형제는 살해당했다.

34) 阮籍(완적) : 삼국 시대 위나라 문학가, 현학가. 죽림칠현(竹林七賢) 중 한 사람. 산수를 유람하며 여러 서적을 두루 읽었으며 노장을 특히 좋아했다. 술을 좋아하고 거문고를 잘 연주했다.

35) 嵇康(혜강) : 삼국 시대 위나라 문학가, 철학가. 죽림칠현 중 한 사람. 완적 등과 교유하며 노장에 깊이 심취해 위진현학(魏晉玄學)의 기

闒免官; 孫楚[37]矜誇凌上; 陸機[38]犯順履險; 潘岳[39]乾沒取危; 顔延年[40]負氣摧黜; 謝靈運[41]空疎亂紀; 王元長[42]凶賊自詒; 謝玄暉[43]侮慢見及. 凡此諸人, 皆其翹秀者, 不能悉紀, 大較如此. 至於帝王, 亦或未免. 自昔天子而有才華者, 唯漢武, 魏太祖, 文帝, 明帝, 宋孝武帝, 皆負世議,

---

풍을 세웠다.

36) 傅玄(부현) : 위진 연간의 문인. 문장을 잘 지었고 음률에 밝았으며, 성품이 강직했다.

37) 孫楚(손초) : 서진 시대의 문인. 조부와 부친 모두 위나라에 벼슬했고, 재주를 믿고 다소 오만해 향리 사람들이 좋아하지 않았다.

38) 陸機(육기) : 서진 시대의 문인. 동생 육운(陸雲)과 함께 '이륙(二陸)'이라고 칭해짐. 〈문부(文賦)〉를 지어 당시의 문풍을 논했다.

39) 潘岳(반악) : 서진 시대의 문인. 문학적 재능이 뛰어나 당시의 세도가 가밀(賈謐)에게 중시를 받았다.

40) 顔延年(안연년) : 안연지(顔延之). 진 · 송 연간의 시인. 아름다운 문체로는 당시 으뜸이었다.

41) 謝靈運(사영운) : 진 · 송 연간의 시인. 산수시를 잘 지어 당시 '사영운체'를 이루어 후대에 많은 영향을 미쳤다. 현학 및 불교에도 심취했다.

42) 王元長(왕원장) : 왕융(王融). 남조 제나라 시인, 변문가. 성률을 중시하는 시를 지었다. 영명체(永明體)의 창시자 중 한 사람.

43) 謝玄暉(사현휘) : 사조(謝朓). 남조 제나라 문인. 어머니가 송나라 장성공주(長城公主)였다. 운율에 조예가 깊어 심약(沈約) 등과 함께 영명체를 창시했다.

非懿德之君也. 自子游[44], 子夏,[45] 荀況,[46] 孟軻,[47] 枚乘,[48] 賈誼,[49] 蘇武,[50] 張衡,[51] 左思[52]之儔, 有盛名而免過患者, 時復聞之, 但其損敗居多耳. 每嘗思之, 原其所積, 文章之體, 標擧興會, 發引性靈, 使人矜伐, 故忽於持操, 果於進取. 今世文士, 此患彌切, 一事愜當, 一句淸巧, 神厲九霄, 志淩千載, 自吟自賞, 不覺更有傍人. 加以砂礫所傷, 慘於矛戟, 諷刺之禍, 速乎風塵, 深宜防慮, 以保元吉.

---

44) 子游(자유) : 공자의 제자.

45) 子夏(자하) : 공자의 제자. 《논어 · 선진(先進)》에 의거하면 자유와 자하는 문학으로 이름난 문인이었다.

46) 荀況(순황) : 순자(荀子). 전국 시대 조(趙)나라 사람.

47) 孟軻(맹가) : 맹자(孟子), 전국 시대 추(鄒)나라 사람으로 자사(子思)의 문인.

48) 枚乘(매승) : 서한 시대의 사부가. 미문가(美文家)로 이름을 날렸다.

49) 賈誼(가의) : 서한 시대의 문인 겸 학자. 전대의 율령 · 관제 · 예악 등의 제도를 개정하고 관제를 정비하기 위한 많은 의견을 상주했다.

50) 蘇武(소무) : 서한의 명신. 흉노족 선우에게 붙잡혀 복속할 것을 강요당했으나 굴복하지 않아 북해(바이칼 호) 부근에 19년간 유폐되었다.

51) 張衡(장형) : 동한 시대의 과학자이자 문학가. 일찍이 여러 차례 벼슬에 천거되었지만 나아가지 않았다.

52) 左思(좌사) : 서진 시대의 문인. 10년 동안 구상해 지은 〈삼도부(三都賦)〉가 당시 문단의 영수였던 장화(張華)에게 칭찬받아 유명해졌다.

학문에는 예리함과 어리석음이 있고, 문장에는 기교함과 졸렬함이 있다. 학문에 어리석은 것은 노력을 하면 아름답게 될 수 있다. 문장에 졸렬한 것은 갈고 닦는다 하더라도 끝내 비속하게 된다. 오직 학식이 있는 문사는 스스로 인격을 완성하는 것에 만족해, 반드시 타고난 재주가 모자라면 억지로 문장을 쓰지 않는다. 내가 세상 사람들을 보니, 재능이 없으면서도 스스로 자신의 문장이 참신하고 아름답다고 하며 그 졸렬한 것을 유포한 사람이 또한 많은데, 강남에서 영치부라고 불렀다. 최근 병주의 한 사족은 우스꽝스러운 시부를 짓는 것을 좋아해 형소, 위수 등을 놀렸는데, 모두가 그를 조롱하며 거짓으로 칭찬하니, 그는 소를 잡고 술을 담아 사람들을 초대해 명성을 알리려고 했다. 그 아내는 사리에 밝은 부인이라 울면서 말렸다. 그러자 이 사람은 "재주가 뛰어난 것이 아내와 자식에게 용납되지 않는데, 하물며 세상에서야!"라고 탄식하며 죽을 때까지 깨닫지 못했다. 자기를 잘 이해하는 것을 현명하다고 하는데, 이것은 참으로 어려운 것이다.

學問有利鈍, 文章有巧拙. 鈍學累功, 不妨精熟, 拙文硏思, 終歸蚩鄙. 但成學士, 自足爲人. 必乏天才, 勿强操筆. 吾見世人, 至無才思, 自謂淸華, 流布醜拙, 亦以衆矣, 江南號爲誇癡符[1]. 近在并州[2], 有一士族, 好爲可笑詩賦, 誂擎[3]邢魏[4]諸公, 衆共嘲弄, 虛相讚說, 便擊牛釃酒[5], 招延聲譽. 其妻, 明鑒婦人也, 泣而諫之. 此人嘆曰: "才華不爲妻子所容, 何況行路[6]!" 至死不覺. 自見之謂明,[7] 此誠難也.

---

1) 誇癡符(영치부) : 재능이 없으면서 자랑하기를 좋아하는 사람.

2) 并州(병주) : 지금의 산시성(山西省) 타이위안시(太原市).

3) 誂擎(조별) : 말로써 사람을 놀림.

4) 魏收(위수) : 북제의 사학가, 문학가. 어릴 적 부친을 따라 변방에 가서 기사(騎射)를 배우는 것을 좋아한 탓에 당시 사람들에게 조롱을 받았다. 자라서는 이를 자제하고 독서에 매진했다.

5) 釃酒(시주) : 술을 담그다.

6) 行路(행로) : 길 가는 사람. 자기와 상관없는 사람을 가리킴.

7) 《한비자(韓非子) · 유로(喩老)》 참조. "깨달음이 어려운 것은 다른 사람을 보는 것에 있지 않고 자신을 보는 것에 있기 때문이니, 그러므로 자신을 보는 것을 '현명하다'고 한다(故知之難, 不在見人, 在自見. 故曰: 自見之謂明)."

문장을 쓰는 것을 배우려면 먼저 가까운 친구에게 의견을 구해 비평을 듣고서 세상에 내놓아도 되는지를 판단한 다음에 마쳐야 하며, 삼가 자신의 의견을 고집해 마음대로 해서 다른 사람의 웃음거리가 되지 말아야 한다. 예로부터 붓을 들어 글을 쓰는 사람을 어찌 이루 다 말할 수 있겠는가. 그러나 아름답고 세련된 것은 불과 수십 편에 지나지 않는다. 다만 체재에 위배되지 않고 문장의 뜻이 볼만하다면 재사라고 칭하겠지만, 세속을 놀라게 할 만한 것은 황하가 맑아지기를 기다려야 할 것이다!

學爲文章, 先謀親友, 得其評裁, 知可施行, 然後出手; 愼勿師心自任[1], 取笑旁人也. 自古執筆爲文者, 何可勝言. 然至於宏麗精華, 不過數十篇耳. 但使不失體裁, 辭意可觀, 便稱才士; 要須動俗蓋世, 亦俟河之淸[2]乎!

---

1) 師心自任(사심자임) : 자기의 견해가 옳다고 고집하는 것.

2) 河之淸(하지청) : 옛사람들은 황하가 맑아지는 것을 보기 드문 일이라고 여겼다.

혹자가 양웅에게 "당신은 어릴 때 시 짓기를 좋아했는지요?"라고 묻자, 양웅이 "그렇다. 어린아이의 보잘것없는 재주니, 대장부는 하지 않는다"라고 했다. 나는 내심 그것에 반대하며 다음과 같이 말했다. "순임금이 노래한 〈남풍〉의 시, 주공이 지은 〈치효〉의 노래, 길보와 사극의 〈아〉·〈송〉에 있는 아름다운 작품이 모두 유년기에 쓴 것이어서 인덕에 흠을 남겼다는 것을 들어 보지 못했다. 공자는 '시를 배우지 않으면 말할 것이 없다', '위나라에서 노나라로 돌아와 음악을 정리하자, 〈아〉, 〈송〉이 각기 제자리를 얻었다'라고 했다. 효의 도리를 크게 드러냄에 시를 인용해 증명했다. 양웅은 어찌 감히 그것을 홀시하는가. 만약 '시인의 부는 아름다우며 규칙적이고, 사인의 부는 아름다우나 음란하다'고 논한다면 그것의 차이를 밝힌 것임을 알겠으나, 한편 양웅이 스스로 성년이 되어서는 어떻게 했는지는 모르겠다. 〈극진미신〉을 짓고서 망령되이 천록각에서 뛰어내려 당황스럽게도 천명을 다하지 못한 것은 아이의 행위일 것이다. 환담은 양웅이 노자보다 낫고, 갈홍은 양웅을 공자에 비견했는데 놀라운 일이다. 이 사람은 오직 산술에 밝아서 음양을 이해해 《태현경》을 지었기 때문에 몇 사람들이 현혹되었던 것이다. 그 전해지는 언행은 손경, 굴원조차도 미치지 못하는데, 어찌 감히 성인의 청렴함을 바라보는가. 게다가《태현경》은 지금 어디에 쓸모가 있는가. 간장 덮개와 같을 뿐이도다."

或問揚雄曰: "吾子少而好賦." 雄曰: "然. 童子雕蟲篆刻[1], 壯夫不爲也." 余竊非之曰: "虞舜歌南風[2]之詩, 周公作鴟梟[3]之咏, 吉甫, 史克[4]雅, 頌之美者, 未聞皆在幼年累德也. 孔子曰, '不學詩, 無以言.'[5] '自衛返魯, 樂正, 雅, 頌各得其所.'[6] 大明孝道, 引詩證之. 揚雄安敢忽之也? 若論 "詩人之賦麗以則, 辭人之賦麗以淫",[7] 但知變之而已, 又未知雄自爲壯夫何如也. 著劇秦美新,[8] 妄投於閣, 周章[9]怖慴, 不達天命, 童子之爲耳. 桓譚[10]以勝老子, 葛洪[11]以

---

1) 雕蟲篆刻(조충전각) : 사부 중 기교를 부려 다듬은 구를 가리킴.

2) 南風(남풍) : 순(舜)임금이 지은 것이라고 하는 악곡.

3) 鴟梟(치효) :《시경 · 빈풍(豳風)》의 편명. 새에 의탁해 자신의 심정을 말함.

4) 史克(사극) : 노(魯)나라 사관.

5)《논어 · 계씨》참조.

6)《논어 · 자한》및《사기 · 공자세가(孔子世家)》참조.

7)《법언 · 오자》참조.

8)《문선(文選)》에 수록되어 있음.

9) 周章(주장) : 두려워하는 모양.

10) 桓譚(환담) : 동한 시대의 사상가, 문학가. 고대(古代)를 이상(理想)

方仲尼, 使人歎息. 此人直以曉算術, 解陰陽, 故著太玄經[12], 數子爲所惑耳; 其遺言餘行, 孫卿·屈原之不及, 安敢望大聖之淸塵? 且太玄今竟何用乎? 不啻覆醬瓿而已.

으로 삼아 현재를 바로잡고, 그 입장에서 정치를 행하기 위해《신론(新論)》29편을 지었다. 이것은 한나라 시기의 유가 사상의 변천을 알 수 있는 귀중한 문헌이다. 고학(古學)을 좋아해 유흠(劉歆), 양웅(揚雄)에게 배웠다.

11) 葛洪(갈홍) : 서진 시대의 산문가, 시인. 자호 포박자(抱朴子). 가난해 농사를 지으며 독서를 하고, 땔감을 팔아 종이와 먹을 사서 글을 썼다. 방술을 좋아했다. 늙어서 관직을 사퇴하고, 나부산(羅浮山)에 들어가 저술과 연단에 전념했다.

12) 太玄經(태현경) : 양웅이《주역》을 모방해서 지은 책. 주역에 비기어 우주 만물의 근원을 논하고, 음양이원론(陰陽二元論) 대신 시(始)·중(中)·종(終)의 삼원(三元)으로 설명하고 여기에 역법(曆法)을 가미했다.

문장은 마땅히 사상을 장기로 여기고 기조를 근골로 여기며 용사를 피부로 여기고 수식을 모자로 여겨야 한다. 오늘날 이어져 내려오는 것은 쭉정이만 따르고 알맹이를 버린 것으로 대부분이 내용이 없고 문구만 번지르르하다. 형식과 내용은 서로 앞을 다투어, 형식이 우세하면 내용이 밀려난다. 용사와 창작은 서로 앞을 다투어, 용사가 복잡하면 창작이 떨어진다. 방일한 것은 막힘이 없으나 본지를 잃어버렸고, 천착한 것은 내용을 보충하지만 문체가 부족하다. 시속이 이와 같은데 어찌 홀로 다를 수 있으리오. 다만 심히 과분하지 않도록 할 뿐이다. 반드시 재주가 많고 명예가 뛰어나서 문체를 개혁하는 사람이 나타나는 것이 진실로 내가 바라는 것이로다.

文章當以理致[1]爲心腎, 氣調[2]爲筋骨, 事義[3]爲皮膚, 華麗爲冠冕. 今世相承, 趨末[4]棄本[5], 率多浮豔. 辭與理競, 辭勝而理伏; 事與才爭, 事繁而才損. 放逸者流宕而忘歸, 穿

---

1) 理致(이치) : 작품의 사상과 감정.

2) 氣調(기조) : 기운, 격조.

3) 事義(사의) : 용사(用事).

4) 末(말) : 화려한 수식을 중시하는 것.

5) 本(본) : 문장의 사상과 내용을 중시하는 것.

鑿者補綴而不足. 時俗如此, 安能獨違? 但務去泰去甚[6]耳. 必有盛才重譽, 改革體裁者, 實吾所希.

6) 去泰去甚(거태거심) : 도를 넘지 마라.

심약은 말했다. "문장은 마땅히 '세 가지 쉬움'에 따라야 한다. 전고를 쉽게 알 수 있는 것이 하나요, 글자를 쉽게 알 수 있는 것이 둘이요, 낭독이 쉬운 것이 셋이다." 형소는 언제나 "심약의 문장은 전고를 잘 알지 못하게 하니, 마음속으로 생각하는 말과 같다. 이로써 매우 깊이 그에게 감탄했다"라고 했다. 조효징 또한 일찍이 나에게 "심약의 시에서 '벼랑이 기울어져 종유석을 감싸다'라고 했는데, 이 어찌 전고를 사용했다 하겠는가"라고 했다.

沈隱侯[1)]曰; "文章當從三易: 易見事, 一也; 易識字, 二也; 易讀誦, 三也." 邢子才[2)]嘗曰: "沈侯文章, 用事不使人覺, 若胸臆語也." 深以此服之. 祖孝徵[3)]亦嘗謂吾曰: "沈詩云:

---

1) 沈隱侯(심은후) : 심약(沈約). 남조 양나라 문학가, 자 휴문(休文). 어릴 적부터 가난해 떠돌아다녔지만 낮에 읽은 것을 밤에 다 외울 정도였으며, 문장을 잘 지었다. 경릉왕 소자량(蕭子良)에 의해 중시되었고, 경릉팔우(景陵八友)의 한 사람이다. 불교에 능통하고 음운(音韻)에도 밝아 시의 팔병설(八病說)을 제창했다. 음운설(音韻說)은 영명체(永明體)의 성립과 깊은 관계가 있을 뿐 아니라 근체시(近體詩) 성립의 원인이 되기도 했다. 당시 임방(任昉)의 문장, 심약의 시를 으뜸으로 꼽았는데, 그의 시는 세밀한 염정(艶情)을 노래하는 데 뛰어나 '궁체시(宮體詩)'의 선구가 되었다.

2) 邢子才(형자재) : 북제의 학자 형소(邢劭).

3) 祖孝徵(조효징) : 북제의 문인 조정(祖珽). 비파에 능했고 시를 잘 지

‘崖傾護石髓[4].’ 此豈似用事邪?”

었다. 북위의 문인 조형(祖瑩)의 아들.

4) 石髓(석수) : 일종의 광물. 약재로 쓰임. 종유석(鍾乳石)이라고도 함.

형소와 위수는 모두 이름을 떨쳐 당시의 세속에서 모범이 되었기에 스승으로 받들어졌다. 형소는 심약에 탄복하고 임방을 경시했고, 위수는 임방을 존경하고 심약을 멸시했는데, 매번 연회 자리에서 이것으로써 얼굴을 붉히며 이야기했다. 업하의 사람들은 의견이 분분해 각기 붕당이 생겼다. 조효징이 일찍이 나에게 "임방과 심약의 시비를 가리는 것은 곧 형소와 위수의 우열을 가리는 것이다"라고 말했다.

邢子才, 魏收俱有重名, 時俗準的, 以爲師匠. 邢賞服沈約而輕任昉, 魏愛慕任昉[1]而毁沈約, 每於談讌, 辭色以之. 鄴下紛紜, 各有朋黨. 祖孝徵嘗謂吾曰: "任, 沈之是非, 乃邢, 魏之優劣也."

---

1) 任昉(임방) : 제 · 양 시기의 문학가. 4세에 시를 외우고 8세에 문장을 지었다. 경릉팔우의 한 사람이며, 후일 북제에 벼슬했다.

왕적의 〈입약야계〉 시에서 "매미 소리 시끄러우니 숲은 더욱 고요하고, 산새 우는 소리에 산은 더욱 그윽하다"라고 했는데, 강남에서는 이 시구를 세상에서 하나뿐인 것으로 여기는 데에 이견이 없었다. 양나라 간문제는 음송하고서 잊어버리지 않았으며, 원제도 그 풍미를 음송해 다시 얻을 수 없는 것이라고 했는데, 《회구지》의 〈왕적전〉에 기록되어 있다. 범양 노순조는 업하에서 재능이 뛰어난 사람인데, "이 구는 말이 되지 않는데, 무엇이 재능이 있다는 것인가?"라고 했다. 위수 또한 그 견해와 같았다. 《시경》에서 "히이잉 말이 울고, 유유히 깃발 펄럭인다"라고 했으니, 《모전》에서 "시끄럽지 않음을 말하는 것이다"라고 했다. 나는 매번 이 해석이 청취가 있음을 탄복한다. 왕적의 시는 여기에서 나온 것이다.

王籍[1])入若耶溪詩云: "蟬噪林逾靜, 鳥鳴山更幽." 江南以爲文外斷絶, 物無異議. 簡文吟詠, 不能忘之, 孝元諷味, 以爲不可復得, 至懷舊志[2])載於籍傳. 范陽[3])盧詢祖[4]), 鄴

1) 王籍(왕적) : 제 · 양 시기의 문인. 어릴 때부터 문장에 재주가 있었다. 사영운(謝靈運)의 시풍을 배우는 것을 좋아했다.

2) 懷舊志(회구지) : 양 원제 소역의 저서.

3) 范陽(범양) : 현 허베이성 줘현(涿縣)에 위치.

下才俊, 乃言: "此不成語, 何事於能?" 魏收亦然其論. 詩云: "蕭蕭馬鳴, 悠悠旆旌."[5] 毛傳[6]曰: "言不諠譁也." 吾每嘆此解有情致, 籍詩生於此耳.

---

4) 盧詢祖(노순조) : 북제의 문인. 문장이 화려했다.

5) 《시경 · 소아(小雅)》〈거공(車攻)〉 참조.

6) 毛傳(모전) : 서한 초 하간헌왕(河間獻王)의 박사를 지낸 모장(毛萇)이 쓴 《시경》 해설서.

명실(名實) : 명과 실에 관해

명성과 실체의 관계는 형체와 그림자의 관계와 같다. 덕행과 재주가 두루 두터운 사람은 명성이 필시 좋으며, 외모가 수려하면 그림자 또한 아름답다. 지금 몸을 바르게 하지 않고 세상에 명성을 날리고자 하는 것은 마치 용모가 매우 추악하면서 거울에 예쁜 모습이 비춰지기를 바라는 것과 같다. 상덕의 사람은 명성을 잊어버리고, 중덕의 사람은 명성을 세우고, 하덕의 사람은 명성을 훔친다. 명성을 잊어버린 사람은 도덕에 부합하고 귀신의 보호를 받는데, 이는 명성을 구하고자 하지 않기 때문이다. 명성을 세우는 사람은 몸가짐을 수련해 행동을 삼가면서 영예가 드러나지 않음을 두려워하는데, 이는 명성을 사양하지 않기 때문이다. 명성을 훔치는 자는 두꺼운 얼굴로 심히 간사하며 번지르르한 허명을 구하는데, 이는 명성을 얻을 수 없기 때문이다.

名之與實, 猶形之與影也. 德藝周厚, 則名必善焉; 容色姝麗, 則影必美焉. 今不修身而求令名於世者, 猶貌甚惡而責姸影於鏡也. 上士忘名, 中士立名, 下士竊名. 忘名者,體道合德, 享鬼神之福祐, 非所以求名也; 立名者, 脩身愼行, 懼榮觀之不顯, 非所以讓名也; 竊名者, 厚貌深姦, 干浮華之虛稱, 非所以得名也.

사람의 발이 디디는 것은 몇 촌에 불과하지만 지척의 길을 가면 산기슭에서 반드시 떨어지거나 독목교에서 매번 골짜기로 빠짐은 무슨 까닭인가. 그것은 주변에 여지가 없는 까닭이다. 군자가 자기를 세우는 것 역시 이와 같다. 진실한 말을 다른 사람이 믿지 않고 청렴한 행동도 다른 사람들이 간혹 의심하는 것은 모두 언행과 명성이 여지가 없기 때문이다. 나는 매번 사람들에게 멸시당하면 언제나 이로써 스스로를 책망한다. 만약 평탄한 길을 열고, 배를 연이은 다리를 넓히게 된다면, 중유처럼 말이 믿음직스러운 것이 제후의 맹세보다 더 중요할 것이며, 조희처럼 말로 설득해 저을 성에서 내려오게 하는 것이 성을 공격해 함락한 장수보다 더 현명할 것이다.

人足所履, 不過數寸, 然而咫尺之途[1], 必顚蹷於崖岸, 拱把之梁,[2] 每沈溺於川谷者, 何哉? 爲其旁無餘地故也. 君子之立己, 抑亦如之. 至誠之言, 人未能信, 至潔之行, 物或致疑, 皆由言行聲名, 無餘地也. 吾每爲人所毁, 常以此自責. 若能開方軌[3]之路, 廣造舟[4]之航, 則仲由[5]之言信,

---

1) 咫尺之途(지척지도) : 좁은 길을 비유.

2) 拱把之梁(공파지량) : 공파는 한 아름, 또는 그만큼 굵은 것을 말한다. 따라서 공파지량이란 독목교(獨木橋), 즉 외나무다리를 가리킴.

重於登壇[6]之盟, 趙熹[7]之降城, 賢於折衝之將矣.

---

3) 方軌(방궤) : 수레가 나란히 가는 것. '방궤지로(方軌之路)'는 평탄한 큰길을 가리킨다.

4) 造舟(조주) : 몇 개의 배 위에 목판을 놓아 다리를 만듦.

5) 仲由(중유) : 자로(子路). 공자의 제자. 공자보다 아홉 살 아래였고 제자 중에서는 최연장자로 중심적인 인물이었다. 본디 무뢰한이었는데 공자의 훈계로 입문해 헌신적으로 공자를 섬겼다.

6) 登壇(등단) : 제후의 회맹.

7) 趙熹(조희) : 동한 시대의 사람. 절의가 있기로 유명하다. 녹림군(綠林軍)이 회양왕(懷陽王) 유현(劉玄)을 황제로 옹립해 연호를 '갱시(更始)'라고 했는데, 당시 하남(河南)의 필양(泌陽) 서북에 이씨라는 자가 성을 함락하고 있어서, 유현이 조희를 불러 그 성을 함락시키도록 한 것을 말함. 유현은 말로써 이씨를 설득했다.

자제의 문장을 수정하고 윤색해서 명망이 있게 여기는 것은 크게 나쁜 일이다. 첫째는 계속 지속할 수 없으니 종국에는 그 진상이 드러날 것이고, 둘째는 배우는 자가 의지하게 되면 더욱 노력하지 않게 된다.

治點[1]子弟文章, 以爲聲價, 大弊事也. 一則不可常繼, 終露其情; 二則學者有憑, 益不精勵.

---

1) 治點(치점) : 고치고 윤색함.

업하의 한 젊은 사람이 양국의 현령으로 나갔는데, 자못 스스로 근면 독실했다. 공적인 일에 마음을 다하고 매번 백성을 보살펴 명성을 얻었다. 군역에 파견되면 손을 부여잡고 송별하며, 혹은 배, 대추, 간식을 주면서 각 사람과 헤어지며 "상부의 명령이 너희에게 번거로움을 주니 인정상 참을 수가 없도다. 길에서 배가 고플 것이니 이것으로써 정을 표하노라"라고 말했다. 백성들이 그를 칭송함이 입에서 그치지 않았다. 사주의 별가로 옮겨서는 이 비용이 날마다 많아져 항상 다할 수가 없었으며, 한번은 거짓된 인심이 있어서 곳곳마다 그렇게 할 수 없게 되자 공적이 끝내는 훼손되어 버렸다.

鄴下有一少年, 出爲襄國[1]令, 頗自勉篤. 公事經懷, 每加撫卹, 以求聲譽. 凡遣兵役, 握手送離, 或齎[2]梨棗餅餌[3], 人人贈別, 云: "上命相煩, 情所不忍; 道路飢渴, 以此見思." 民庶稱之, 不容於口. 及遷爲泗州[4]別駕[5], 此費日廣,

---

1) 襄國(양국) : 지금 허베이성 싱타이현(邢臺縣) 서남쪽.

2) 齎(재) : 물건을 보내다.

3) 餌(이) : 떡.

4) 泗州(사주) : 지금의 장쑤성 쑤첸현(宿遷縣) 동남쪽 일대.

5) 別駕(별가) : 관명.

不可常周, 一有僞情, 觸塗難繼, 功績遂損敗矣.

섭무(涉務) : 일에 힘쓰다

군자의 처세는 다른 사람에게 도움을 주는 것을 귀하게 여길진대, 고상하고 오묘한 말을 늘어놓는 것뿐만 아니라 거문고를 타고 글을 쓰는 것으로써 임금의 봉록과 작위를 낭비한다. 국가가 인재를 사용하는 것은 대체로 여섯 가지에 지나지 않는다. 첫째, 조정의 신하로는 국가의 체제를 두루 이해하고 정치적 식견이 풍부하며 박식하고 고상한 사람을 택한다. 둘째, 문사의 신하로는 전장의 제도를 저술해 전대를 잊지 않는 사람을 택한다. 셋째, 군대의 신하로는 전략을 단호히 결정하고 무예에 힘써 싸움에 익숙한 사람을 택한다. 넷째, 지방의 신하로는 풍속을 명백히 이해하고 청렴하며 백성을 사랑하는 사람을 택한다. 다섯째, 사신의 신하로는 사태의 변화를 알아 대처하며 사명을 욕되지 않게 하는 사람을 택한다. 여섯째, 공사를 담당하는 신하로는 일의 효율을 살펴서 비용을 절약하고 계획을 세움에 기술이 있는 사람을 택한다. 이는 모두 부지런히 배우고 행동을 삼가는 사람이라야 능히 할 수 있는 것이다. 사람의 성품에는 장단점이 있으니 어찌 여섯 가지를 모두 잘하기를 요구하겠는가. 다만 마땅히 그 뜻을 이해해 한 방면이라도 잘할 수 있으면 부끄럽지 않을 것이다.

士君子之處世, 貴能有益於物耳, 不徒高談虛論, 左琴右書,[1] 以費人君祿位也. 國之用材, 大較不過六事: 一則朝廷之臣, 取其鑒達治體[2], 經綸[3]博雅; 二則文史之臣[4], 取其著述憲章, 不忘前古; 三則軍旅之臣, 取其斷決有謀, 强幹習事; 四則藩屛之臣[5], 取其明練風俗, 淸白愛民; 五則使命之臣[6], 取其識變從宜, 不辱君命; 六則興造之臣[7], 取其程功[8]節費, 開略有術, 此則皆勤學守行者所能辨也. 人性有長短, 豈責具美於六塗[9]哉? 但當皆曉指趣,

---

1) 左琴右書(좌금우서) : 옛사람들은 거문고와 서적을 함께 논했다. 사대부의 풍아지사(風雅之事)를 의미한다.

2) 治體(치체) : 국가의 체제, 법도.

3) 經綸(경륜) : 실타래를 정리한다는 뜻으로, 국가 대사의 뜻과 재능을 계획한다는 의미.

4) 文史之臣(문사지신) : 제왕 옆에서 문서를 주관하고 조령 전장을 초안하고 국사를 편찬하는 관원.

5) 藩屛之臣(번병지신) : 지방 고급 장관을 가리킴.

6) 使命之臣(사명지신) : 출사를 명받은 외교 관원.

7) 興造之臣(흥조지신) : 토목건축을 책임지는 관리.

8) 程功(정공) : 일의 효율을 살핌.

9) 六塗(육도) : '육사(六事)'의 의미. 즉, 여기서 말하는 여섯 가지의 일을

能守一職, 便無媿耳.

가리킴.

내가 세상의 글을 짓는 선비들을 보건대, 고금을 품평하며 마치 제 손바닥을 들여다보는 것 같지만, 실제 사용함에 있어서는 대부분 감당하지 못했다. 태평스러운 세상에 살면서 나라를 잃은 어지러운 재난을 모르고, 묘당에서 살면서 전쟁터의 위급함을 알지 못하며, 봉록의 공급을 받으면서 농사의 고통을 모르고, 백성 위에 군림하면서 노동의 근면을 모르니, 이에 그들에게 세상의 일을 처리하도록 하기가 어렵도다. 진나라가 남도한 후, 더욱 사족의 힘을 빌리니, 고로 강남의 관리 중 재능이 있는 자는 상서령, 상서복야 이하, 상서랑, 중서사인 이상으로 발탁되어 국가의 중요한 일을 장악했다. 그 나머지 문의를 이는 선비는 대부분 방탕해 사치스럽고 세상의 일을 처리하지 못하는데, 약간의 실수를 저지르더라도 처벌하는 것을 달가워해 고상한 곳에 처하게 하고 그 단점은 덮어 둔다. 대각영사, 주서, 감, 수, 외진번왕 신변의 전첨, 성사는 모두 관리의 사무에 익숙해 제때의 필요에 따라 일을 하며, 소인의 불량한 태도가 있으면 모두 매를 휘둘러 엄숙하게 감독하므로 대부분 위임이 되어 그 장점을 발휘한다. 사람은 각기 스스로를 알지 못하고서, 당시 양 무제 부자가 소인을 좋아하고 사대부를 소원히 했음을 원망하는데, 이는 또한 자신의 눈으로 자신의 눈썹을 볼 수 없는 것이다.

吾見世中文學之士, 品藻古今, 若指諸掌, 及有試用, 多無所堪. 居承平之世[1], 不知有喪亂之禍; 處廟堂[2]之下, 不知有戰陳[3]之急; 保俸祿之資, 不知有耕稼之苦; 肆吏民之上, 不知有勞役之勤, 故難可以應世經務也. 晉朝南渡,[4] 優借士族; 故江南冠帶[5], 有才幹者, 擢爲令僕[6]已下尙書郎[7]中書舍人[8]已上, 典掌機要. 其餘文義之士, 多迂誕浮華, 不涉世務; 纖微過失, 又惜行捶楚[9], 所以處於淸高, 蓋護其

---

1) 承平之世(승평지세) : 대대로 태평함이 이어짐.

2) 廟堂(묘당) : 종묘(宗廟)와 명당(明堂). 고대 제왕은 일이 있으면 종묘에 고하고 명당에서 의논했다. 그러므로 묘당은 곧 조정을 가리킴.

3) 戰陳(전진) : '전진(戰陣)'. 작전의 진법, 또는 작전지. 싸움을 가리킴.

4) 서진(西晉) 왕조는 북중국의 호족(胡族)이 침입해 316년에 한 번 멸망했다. 그 후 일족 중의 사마예(司馬睿)가 장강(長江) 이남의 땅을 영토로 해 317년 건업(建業)을 도읍으로 진 왕조를 재건하고 '동진(東晉)'이라 했다.

5) 冠帶(관대) : 사족, 진신(搢紳)을 가리킴.

6) 令僕(영복) : 상서성의 장관 상서령과, 그의 직무를 보좌하는 상서좌복야(尙書左僕射) · 상서우복야(尙書右僕射)를 아울러 일컫는 말.

7) 尙書郎(상서랑) : 상서성에 속한 관리. 문서 초안을 관장.

8) 中書舍人(중서사인) : 중서성에 속함. 주안(奏案)을 올림.

9) 捶楚(추초) : 채찍.

短也. 至於臺閣令史[10], 主書監帥,[11] 諸王籤[12]省[13], 並曉習吏用, 濟辦時須, 縱有小人之態, 皆可鞭杖肅督, 故多見委使, 蓋用其長也. 人每不自量, 擧世怨梁武帝父子愛小人而疏士大夫,[14] 此亦眼不能見其睫耳.

---

10) 臺閣令史(대각영사) : 대각은 상서성을 가리킴. 영사는 상서성에서 사무를 보는 낮은 관리.

11) 主書監帥(주서감수) : 주서, 감, 수 모두 상서성에 속한 관리.

12) 籤(첨) : 전첨(典籤). 남조 시대 왕이 출진하면 전첨을 보내 문서를 처리하게 하는데, 실제 제왕의 언행을 감독하기에 신분은 낮으나 권력이 있다.

13) 省(성) : 주군의 성사 등 낮은 계급의 관원.

14) 양 무제에게 모두 여덟 명의 아들이 있었다. 여기서는 양 무제와 간문제 소강, 원제 소역을 가리킨다.

양나라의 사대부는 모두 넓은 도포와 큰 혁대, 큰 관, 높은 신을 좋아한다. 나가면 수레를 타고 돌아오면 시종을 부리지만 성내에서는 말을 타는 사람이 없었다. 주홍정은 선성왕에게 총애를 받아 한 필의 말을 하사받고 항상 그것을 타고 다녔으므로 온 조정에서 방종하다고 여겼다. 이에 상서랑이 말을 타는 것은 탄핵을 받았다. 후경의 난에 이르자, 몸이 연약해져 걸을 수 없고 기력이 떨어져 춥고 더움을 견딜 수 없어 창졸간에 앉아서 죽는 자가 항상 이와 같은 사대부들이다. 건강령 왕복은 성정이 연약해 일찍이 말을 타 본 적이 없어서 말이 숨을 몰아쉬면 놀라지 않은 적이 없었으며, 사람들에게 "이것은 바로 호랑이인데, 어찌 말이라고 하는가?"라고 했다. 그 풍속이 이 지경까지 이르렀다.

梁世士大夫, 皆尙褒衣博帶, 大冠高履[1], 出則車輿, 入則扶侍, 郊郭之內, 無乘馬者. 周弘正爲宣城王[2]所愛, 給一果下馬[3], 常服御之, 擧朝以爲放達. 至乃尙書郎乘馬, 則

1) 高履(고리) : 나막신. 육조 시대의 문인들이 즐겨 신음.

2) 宣城王(선성왕) : 남조 양나라 간문제의 장자 소대기(蕭大器). 무제 중대통(中大通) 3년(531)에 선성군왕에 봉해짐. 간문제 즉위 후 태자가 됨. 후경의 난 때 죽음. 시호 애태자(哀太子).

紈扐之. 及侯景之亂[4], 膚脆骨柔, 不堪行步, 體羸氣弱, 不耐寒暑, 坐死倉猝者, 往往而然. 建康令王復[5]性旣儒雅, 未嘗乘騎, 見馬嘶歕[6]陸梁[7], 莫不震慴, 乃謂人曰: "正是號, 何故名爲馬乎?" 其風俗至此.

---

3) 一果下馬(일과하마) : 3척 정도의 체격이 작은 말. 그 말을 타면 과수 아래를 지나갈 수 있다는 의미에서 붙은 이름. 남조 시대 부귀한 사람들이 평소에 탐.

4) 侯景之亂(후경지란) : 548년 남조 양나라 말기에 후경이 일으킨 반란. 후경은 본래 북위의 수비병으로 북위 말의 대혼란 중 점차 출세하기 시작해 고환(高歡) 휘하에서 대장이 되었다. 고환이 죽자 주군(州軍)을 이끌고 양(梁)나라 무제에게 투항했다. 그러나 양과 동위(東魏)의 국교가 호전되자 양나라를 배반하고 강제 모병과 해방노예로 10만 대군을 이루어 도읍인 건강(建康 : 南京)을 함락하고 무제를 유폐해 분사하게 했다. 양나라는 이 난으로 멸망하고 건강은 황야로 변했으며 남조 귀족 문화는 큰 타격을 받았다.

5) 王復(왕복) : 생몰년 미상. 양나라 시기의 귀족.

6) 歕(분) : '분(噴)'과 통함. 말의 숨소리.

7) 陸梁(육량) : 날뜀.

옛사람은 농사의 어려운 점을 알고자 했으니, 이는 대개 곡물을 중시하고 농사를 근본으로 삼은 도리다. 대개 음식은 백성의 하늘이라, 백성은 먹지 않으면 살 수 없도다. 사흘 동안 밥을 먹지 않으면 부자도 서로 안부를 물을 수 없다. 땅을 갈아 씨를 뿌리고 풀을 베고 김을 매고 수확하고 저장하고 탈곡하고 키질을 하여 무릇 몇 번의 손을 거쳐야 창고에 들어가니 어찌 농사를 가벼이 보고 상업을 귀히 여기겠는가. 강남에서 관리가 된 사대부는 진나라의 중흥을 틈타 강남으로 천도해 마침내 그곳에 머물러 지금까지 8~9대째가 되었으니, 힘써 밭을 갈지 않고 모두 봉록에 의거해 생활했다. 설령 토지가 있는 사람도 모두 노복을 부려 경작해 일찍이 직접 땅을 일구고 묘를 경작한 적이 없으며, 몇 월에 파종하고 몇 월에 수확하는지를 모르는데 어찌 세상의 다른 업무를 알았겠는가. 따라서 관직을 다스린다고 할 수 없고, 집안을 경영한다고 하지 않는 것은 모두 편안함이 지나쳐서인 것이다.

古人欲知稼穡之艱難, 斯蓋貴穀務本之道也. 夫食爲民天, 民非食不生矣, 三日不粒, 父子不能相存. 耕種之, 茠鉏之, 刈獲之, 載積之, 打拂之, 簸揚[1]之, 凡幾涉手, 而入倉廩, 安可輕農事而貴末業哉? 江南朝士, 因晉中興, 南渡江, 卒爲羈旅, 至今八九世, 未有力田, 悉資俸祿而食耳. 假令有者, 皆信僮僕爲之, 未嘗目觀起一墢土, 耘一株苗; 不知幾月當下, 幾月當收, 安識世間餘務乎? 故治官則不了, 營家則不辦, 皆優閑之過也.

1) 簸揚(파양) : 키질하다. 즉 곡식에 들어 있는 티끌을 날리기 위해 곡식을 떠서 공중에 뿌리다.

성사(省事) : 쓸데없는 일을 줄이다

동상(銅像)에 적힌 글에 “말을 많이 하지 마라, 말을 많이 하면 실패가 많다. 일을 많이 하지 마라, 일을 많이 하면 우환이 많다”라고 했다. 이 훈계는 옳다. 능히 달릴 수 있는 것에서 날개를 빼앗고, 날 수 있는 것에서 발가락을 모자라게 하고, 뿔이 있는 것에서 윗니가 없게 하고, 뒷다리가 발달한 것에서 앞다리를 떨어지게 하는 것은 대개 하늘의 이치가 그것들이 여러 가지 장점을 겸하지 못하도록 한 것이다. 옛사람의 말에 “많이 하면 잘하는 것이 적어서 한 곳에 집중하는 것만 못하며, 다람쥐가 다섯 가지 재주를 지니고 있으나 재능을 완성하지 못했다”라고 했다. 근래에 두 사람이 있었는데, 모두 총명한 사람으로 다방면에 관심을 가졌으나 조금도 이름을 날리지 못했다. 경학은 다른 사람의 질문에 대답하지 못하고, 사학은 다른 사람과 토론하기에 충분하지 못하며, 문장은 집록해서 전할 수가 없으며, 필묵은 보존해서 감상하기에 적합하지 않으며, 점을 치는 것은 여섯 차례에 세 번이 들어맞고, 의약은 열 번 치료하면 다섯 번이 틀리고, 음악은 수십 명의 아래에 있으며, 활 솜씨는 천백 명 중에 있고, 천문, 회화, 바둑, 선비어, 소수민족 문자, 그림을 그릴 때 쓰는 물감, 주석을 달궈 은을 만드는 것, 이와 같은 것에 대략 그 개괄은 얻었으나 모두 익숙하지 못했다. 애석하도다. 그 총기로 만약 다른 재주를 줄였더라면 마땅히 정통했을 것이다.

銘金人云: "無多言, 多言多敗, 無多事, 多事多患."[1] 至哉斯戒也! 能走者奪其翼, 善飛者滅其指, 有角者無上齒, 豊後者無前足, 蓋天道不使物有兼焉也. 古人云: "多爲少善, 不如執一; 鼫鼠[2]五能, 不成伎術." 近世有兩人[3], 朗悟士也, 性多營綜, 略無成名, 經不足以待問, 史不足以討論, 文章無可傳於集錄, 書迹未堪以留愛翫, 卜筮射六得三, 醫藥治丨差五, 音樂在數丨人下, 弓矢在千百人中, 天文·畵繪·棊博·鮮卑語·胡書[4]·煎胡桃油[5]·鍊錫爲銀, 如此之類, 略得梗槩, 皆不通熟. 惜乎,

---

1) 《설원(說苑)·경신(敬愼)》 참조.

2) 鼫鼠(석서) : 오기서(五伎鼠)라고도 함. 날 수 있으나 지붕 위를 올라 날 수 없고, 기어오르지만 나무 꼭대기까지 오를 수 없고, 헤엄칠 수 있으나 골짜기까지 헤엄칠 수 없고, 숨을 수 있으나 몸을 숨기지 못하고, 달릴 수 있으나 사람을 이길 수 없다.

3) 兩人(양인) : 조정(祖珽)과 서지재(徐之才)라고 함.

4) 胡書(호서) : 소수민족의 문자.

5) 桃油(도유) : 북조 사람들이 그림을 그리는 재료.

以彼神明, 若省其異端, 當精妙也.

간쟁을 하는 무리는 임금의 과실을 바로잡고자 하므로 반드시 말을 해야 할 것이 있다면 마땅히 잘못을 바로잡아 보좌하는 의무를 다해야 하며, 대충 편안함을 찾아서 고개를 숙이고 귀를 막지 말아야 한다. 임금을 보호하는 데에는 방법이 있으니, 문제를 고려함에는 직분을 넘지 말아야 하고, 그 권한이 아니면 일을 할 수 없으니, 그렇게 하면 죄인이 되는 것이다. 그러므로 〈표기〉에서 "임금을 모심에 있어서 사이가 먼데 간언하는 것은 아첨이고, 가까우면서도 간언하지 않으면 봉록만 축내는 것이다"라고 했다. 《논어》에서는 "신임을 얻지 않았는데 간언한다면 다른 사람이 자기를 훼방한다고 여길 것이다"라고 했다.

諫諍之徒, 以正人君之失爾, 必在得言之地, 當盡匡贊之規, 不容苟免偸安, 垂頭塞耳; 至於就養[1]有方, 思不出位, 干非其任, 斯則罪人. 故表記[2]云: "事君, 遠而諫, 則諂也; 近而不諫, 則尸利[3]也." 論語曰: "未信而諫, 人以爲謗己也."[4]

---

1) 就養(취양) : 시중들어 모시다.

2) 表記(표기) : 《예기》의 편명.

3) 尸利(시리) : 봉록을 받고서 책임을 다하지 않다.

4) 《논어 · 자장(子張)》 참조.

북제 말기의 대부분 사람들은 재화를 외가에 의탁하고, 궁중에서 총애를 받는 여성에게 청탁을 했다. 지방장관에 발탁되면 관인을 매는 끈이 빛나고 수레가 크고 웅장하며, 9족이 영광을 함께 누리고 일시에 부귀를 얻는다. 그러나 집정에 어려움이 있게 되면 연이어 감시를 받게 되니, 재물로써 얻었으면 반드시 재물로써 위태롭게 될 것이다. 세상의 먼지에 오염되어 공정한 도리를 위반했으니, 함정이 특히 깊으면 상처가 회복되지 않을 것이요, 죽음을 면할 수는 있다지만 파산하지 않음이 없으니, 그 뒤에 후회하더라도 이미 늦었도다. 나는 남에서 북으로 와서 일찍이 한마디도 당시 사람들과 신분을 이야기하지 않았으며 통달할 수 없었지만 원망하지도 않았다.

齊[1]之季世[2], 多以財貨託附外家, 諠動女謁[3]. 拜守宰者, 印組[4]光華, 車騎輝赫, 榮兼九族, 取貴一時. 而爲執政所患, 隨而伺察, 旣以利得, 必以利殆, 微染風塵, 便乖肅正, 坑穽殊深, 瘡痏未復, 縱得免死, 莫不破家, 然

1) 齊(제) : 북제를 가리킴.

2) 季世(계세) : 말세.

3) 女謁(여알) : 궁정의 총애를 받은 여성을 통해 청탁하다.

4) 印組(인조) : '인'은 관인(官印). '조'는 '수(綬)', 즉 관인을 묶는 띠.

後噬臍, 亦復何及. 吾自南及北, 未嘗一言與時人論身分也, 不能通達, 亦無尤焉.

왕자진이 "다른 사람을 도와 밥을 지으면 그 맛을 볼 수 있으나, 다른 사람을 도와 싸우면 손해를 입는다"고 했다. 이 말은 선한 것을 하면 참여하고, 악한 것을 하면 피해서, 다른 사람과 무리를 지어 의롭지 못한 일을 하지 말라는 것이다. 무릇 다른 사람에게 손해를 주는 것이라면 모두 참여하지 말라. 그러나 머물 곳 없는 새가 사람의 품으로 들면 인자한 사람은 가여워하니, 하물며 죽기를 각오한 선비가 나에게 귀속할진대 그를 어찌 내버리겠는가. 오자서는 어부의 도움을 받아 배를 탔고, 계포는 광류의 수레에 숨어들었으며, 공융은 장검을 숨겨 주었고, 손숭은 조기를 은닉했으니, 이는 전대 사람들이 중히 여긴 일이며 또한 내가 하고자 하는 것으로, 이로써 죄를 짓는다 하더라도 기꺼이 눈을 감을 수 있을 것이다. 곽해와 같이 다른 사람을 위해 복수를 하고, 관부와 같이 횡포하게 땅을 얻는 것은 유협의 무리가 하는 것이지 군자가 할 것이 아니다. 만약 반역을 저질러 임금과 친척에게 죄를 저지른다면 또한 동정할 만한 것이 아니다. 친구가 위급한 상황에 처하면 집안의 재산과 자신의 힘을 아낄 바가 아니다. 만약 계략을 마음대로 꾸미고 무리하게 요구한다면 나는 그들을 도우라고 가르치지 않았다. 묵자의 무리를 세상 사람들이 뜨거운 배라고 일컬었으며, 양주의 무리를 세상 사람들은 차가운 장이라고 했는데, 장은 차가울 수 없고 배는 뜨거울 수 없으니, 마땅히 인의로써 언행을 절제해야 할지니라.

王子晉[1]云: "佐饔得嘗, 佐鬬得傷."[2] 此言爲善則預, 爲惡則去, 不欲黨人非義之事也. 凡損於物, 皆無與焉. 然而窮鳥入懷[3], 仁人所憫, 況死士歸我, 當棄之乎? 伍員[4]之託漁舟, 季布[5]之入廣柳, 孔融之藏張儉[6], 孫嵩[7]之匿趙岐,

---

1) 왕자진(王子晉) : 주(周) 영왕(靈王)의 태자 왕자교(王子喬). 직간을 해 평민이 됨. 숭산(嵩山)에서 20년 수련해 학을 타고 신선이 되었다고 함.

2) 《국어(國語) · 주어(周語)》 참조.

3) 窮鳥入懷(궁조입회) : 어려운 환경에 처해 다른 사람에게 의탁함.

4) 伍員(오원) : 춘추 시대 오(吳)나라 대부 오자서(伍子胥). 춘추 시대의 정치가로 초나라 사람이었으나 아버지와 형이 살해당한 뒤 오나라를 섬겨 복수했다. 오나라 왕 합려(闔閭)를 보좌해 강대국으로 키웠으나, 합려의 아들 부차(夫差)에게 중용되지 못하고 모함을 받아 자결했다. 그는 초나라 회왕(懷王)이 태자의 반란을 의심한 사건에 연루되어 초나라를 떠나 오나라로 도망가면서 한 어부의 도움으로 강을 건넜는데, 그 어부는 자신이 오자서가 강을 건너 도망치게 도와준 것을 영원히 비밀로 지킨다는 뜻에서 돌아가는 길에 배를 침몰시켜 자결했다.

5) 季布(계포) : 초(楚)나라 사람으로, 항우(項羽) 밑에서 무장(武將)으로 있으면서 여러 싸움에서 한나라 유방(劉邦)을 괴롭혔다. 항우가 멸망한 뒤 한 고조 유방이 천금으로 그를 포섭하려 했으나 한양(漢陽)의

前代之所貴, 而吾之所行也, 以此得罪, 甘心瞑目. 至如郭解[8]之代人報讎, 灌夫[9]之橫怒求地, 游俠之徒, 非君子之所爲也. 如有逆亂之行, 得罪於君親者, 又不足卹焉. 親友之迫危難也, 家敗己力, 當無所吝; 若橫生圖計, 無理請謁, 非吾敎也. 墨翟[10]之徒, 世謂熱腹, 楊朱[11]之侶, 世謂冷腸;

주씨(周氏) 집에 은둔했다가 다시 머리를 깎고 갈옷을 입고 광류(廣柳)의 수레로 숨어들었다. 이를 두고 《사기》에서는 "황금 백 근을 얻음은 계포의 일낙(一諾)을 얻음만 못하다"고 기록했다.

6) 張儉(장검) : 동한 시대의 관리. 한 헌제(獻帝) 때 장검은 산양군(山陽郡)의 낮은 관직을 맡고 있었는데, 그곳에서 환관 후람(侯覽)의 세력을 업은 그 친족들의 난폭한 행동을 참지 못하고 상서를 올려 탄핵했다. 이에 후람이 화가 나서 '당고(黨錮)의 난' 때 장검을 무고하게 연루시키자, 장검은 공융의 집으로 도망을 갔다.

7) 孫嵩(손숭) : 동한 시대의 사람. 조기(趙岐)가 당시 한 권세가의 부도덕함을 탄핵하다가 가족이 몰살당하게 되어 이름을 고치고 사방으로 떠돌아다닐 때 손숭이 그가 보통 사람이 아님을 한눈에 알아보고 숨겨주었다.

8) 郭解(곽해) : 한나라 때의 저명한 유협인(遊俠人). 키가 작고 성격이 난폭해 마구잡이로 살인하다가 후일 반성하고 덕행을 베풀어 칭송을 받게 되었다.

9) 灌夫(관부) : 한나라 때의 명장. 강직한 성품을 지녔으나, 술을 마시고 성질을 잘 부려서 후일 살해되었다.

10) 墨翟(묵적) : 전국 시대 초기의 사상가. 중앙집권적인 체제를 지향해 실리적인 지역사회의 단결을 주장했다.

腸不可冷, 腹不可熱, 當以仁義爲節文爾.

11) 楊朱(양주) : 전국 시대의 학자. 자기 혼자만이 쾌락하면 좋다는 위아설(爲我說), 즉 이기적인 쾌락설을 주장했다. 지나침을 거부하고 자연주의를 옹호했다. 이것은 노자 사상(老子思想)의 일단을 발전시킨 주장이었다.

지족(止足) : 만족할 줄 알다

《예기》에서 "욕망을 마음대로 할 수 없고 뜻대로 다 채울 수 없다"고 했다. 우주는 한계가 있으나 성정은 그 끝을 알 수 없으니, 오직 욕망을 줄이고 만족함을 알아 한계를 세워야 할 것이다. 선조 정후는 아들과 조카를 훈계하며 "너희 집안은 서생의 문호로 대대로 부귀하지 못했다. 지금부터 벼슬에 나아가 2000석을 넘기지 말고, 혼인에 세력가를 탐하지 마라"라고 했다. 나는 종신토록 순응하며 그것을 명언으로 여겼다.

禮云: "欲不可縱, 志不可滿."[1] 宇宙可臻其極, 情性不知其窮, 唯在少欲知足, 爲立涯限爾. 先祖靖侯[2]戒子姪曰: "汝家書生門戶, 世無富貴; 自今仕宦不可過二千石[3], 婚姻勿貪勢家." 吾終身服膺, 以爲名言也.

---

1) 《예기 · 곡례 상(曲禮上)》 참조.

2) 靖侯(정후) : 안지추의 9세조(世祖) 안함(顔含).

3) 二千石(이천 석) : 한나라 때 군수(郡守)의 매년 봉록은 양식 2000석이었다. 이후 2000석은 태수(太守)의 대칭으로 사용되기도 했다.

천지 귀신의 도리는 모두 사악함이 가득해, 겸허해야 해를 면할 수 있다. 사람은 살면서 옷을 입어 추위와 이슬을 막고, 음식을 먹어 배고픔을 막을 수 있다. 육체의 내부는 본래 사치를 하지 않는데, 몸 밖은 사치를 하고자 한다. 주나라 목왕, 진나라 시황, 한나라 무제는 온 천하를 차지하고 천자로서 존중받았으나 만족할 줄 몰랐기에 스스로 낭패를 당했는데, 하물며 평민은 어떻겠는가. 20명의 식구라면 노비는 많아도 20명을 넘지 않아야 하고, 좋은 밭은 10경, 당실은 풍우를 피하기만 하면 되고, 수레와 말은 그저 지팡이로 대체하고, 수만의 재산을 저축함으로써 결혼과 재난의 급한 일에 대비해야 한다. 이것을 초과한다면 의로운 것으로써 그것을 나누어 주고, 여기에 이르지 않더라도 바른 도리가 아니거든 구하지 말지어다.

天地鬼神之道, 皆惡滿盈.[1] 謙虛沖損, 可以免害. 人生衣趣以覆寒露, 食趣以塞飢乏耳. 形骸之內, 尙不得奢靡, 己身之外, 而欲窮驕泰邪? 周穆王,[2] 秦始皇,[3] 漢武帝,[4] 富

1) 《주역 · 겸괘(謙卦)》 '단전(彖傳)' 참조.

2) 周穆王(주 목왕) : 서주 5대의 국왕. 성 희(姬), 이름 만(滿). 목왕은 중국 전역을 특별한 말을 타고 다녔는데, 이 말을 몰아 견융(犬戎) 등 이민족을 토벌했다.

有四海, 貴爲天子, 不知紀極, 猶自敗累, 況士庶乎? 常以爲二十口家, 奴婢盛多, 不可出二十人, 良田十頃, 堂室纔蔽風雨, 車馬僅代杖策, 蓄財數萬, 以擬吉凶[5]急速, 不啻此者, 以義散之, 不至此者, 勿非道求之.

---

3) 秦始皇(진 시황) : 성 영(嬴), 이름 정(政). 중국 대륙을 통일하고 스스로 시황제라 칭했다. 강력한 중앙집권 정책을 추진해 법령을 정비하고 전국적인 군현제를 실시했다.

4) 漢武帝(한 무제) : 서한의 제7대 황제, 성 유(劉), 이름 철(徹). 유학을 바탕으로 국가를 다스렸으며, 해외 원정을 펼쳐 흉노와 위만조선(衛滿朝鮮) 등을 멸망시켜 당시 중국 역사상 가장 넓은 영토를 만들어 전한(前漢)의 전성기를 열었다.

5) 吉凶(길흉) : 혼례와 상례를 가리킴.

계병(誡兵) : 병사에 대한 훈계

국가의 흥망과 전쟁의 승패는 박학함에 이르러야 토론할 수 있다. 군막에 들어가고 묘당에 참배하면서 군주를 위해 사직을 도모하는 데 전력을 다하지 않으면 군자가 부끄러워하는 바다. 그러나 내가 매번 문사를 보아하니, 자못 병서를 읽기는 하나 계책에 대해서는 미약한 듯하다. 태평스러운 시대에는 궁실을 엿보며 다른 사람의 재난을 즐거워하고, 먼저 반란을 일으켜 선량한 백성에게 해를 끼친다. 전쟁의 시대에서는 결탁히기를 번복하고 횡설수실하며 존망을 알 수 없기에 억지로 서로 의지한다. 이는 모두 고난에 빠지고 집안이 몰락하는 화근이로다. 경계할지어다! 경계할지어다!

國之興亡, 兵之勝敗, 博學所至, 幸討論之. 入帷幄[1]之中, 參廟堂之上, 不能爲主盡規以謀社稷, 君子所恥也. 然而每見文士, 頗讀兵書, 微有經略. 若居承平之世, 睥睨[2]宮閫[3], 幸災樂禍, 首爲逆亂, 詿誤[4]善良; 如在兵革之時, 構

---

1) 帷幄(유악) : 군막(軍幕). 즉 군대에서 쓰는 장막을 일컬음.

2) 睥睨(비예) : 엿보다.

扇反覆, 縱橫[5]說誘, 不識存亡, 强相扶戴: 此皆陷身滅族之本也. 誡之哉! 誡之哉!

---

3) 宮閫(궁곤) : 임금이 거처하는 궁실.

4) 詿誤(괘오) : 연루되다. 계속 이어지다.

5) 縱橫(종횡) : 전국 시대 종횡가가 국군(國君)에게 유세할 때 사용한 합종(合縱), 연횡(連橫)의 책략. 여기서는 각 세력 간의 유세 선동을 가리킴.

다섯 가지의 병기에 익숙하고 말을 잘 타면 곧 무사라고 칭할 만하다. 오늘날 사대부는 오직 독서만 하고서 무사라고 하는데, 실은 식충이일 뿐이다.

習五兵[1), 便乘騎, 正可稱武夫[2)]爾. 今世士大夫, 但不讀書, 卽稱武夫兒, 乃飯囊酒甕也.

---

1) 五兵(오병) : 다섯 가지 병기. 과(戈), 수(殳), 극(戟), 추모(酋矛), 이모(夷矛).

2) 武夫(무부) : 용맹스러운 사내. 무사(武士).

양생(養生) : 양생에 관해

신선의 일은 전부 업신여길 수 있는 것이 아니다. 다만 생명이 하늘에 달려 있어 늘 마주치기 어려울 뿐이다. 사람이 세상을 살다 보면 도처에 근심거리가 있다. 어릴 때는 부모를 공양하는 수고스러움이 있고, 성년 때에는 처자식의 부담이 증가한다. 의식의 비용이 마련되면 공사의 일이 몰려오는데, 산림에 은둔해 속세를 초탈하는 사람은 천만 중에 한 명도 없다. 연단을 하는 데 필요한 비용과 화로에 필요한 것을 더하면 더욱이 가난한 선비가 할 수 있는 것이 아니다. 배우고자 하는 사람은 소의 털만큼 많지만 성공하는 사람은 기린의 뿔만큼 적다. 화산의 아래 백골이 초야에 널려 있는데, 어찌 마음대로 되는 도리가 있겠는가. 불교를 들여다보건대, 설령 신선이 되었다고 하나 끝내는 죽음을 당해 속세를 벗어날 수 없으니, 너희는 이것에 정신을 집중하지 않기를 바란다. 만약 정신 수양을 좋아해 호흡을 가다듬고 생활을 절제하며 날씨가 춥고 더워도 모두 적응하고 음식을 금기하면서 약물을 복용해 하늘이 내린 뜻을 따르고자 할지라도 요절하지 않음이 없으니 나는 할 말이 없도다. 여러 약물의 복용 방법을 연구

해도 세상의 업무를 버릴 수는 없었다. 유견오는 항상 홰나무 열매를 복용했는데, 70여 세가 되어도 작은 글자를 보았고 머리가 여전히 검었다. 업중의 관리는 행인 · 구기 · 황정 · 술 · 차전을 복용해 이로움을 매우 많이 얻었으니 일일이 열거할 수 없다. 나는 일찍이 이가 아파서 빠질 듯이 흔들거리고 차고 뜨거운 것을 먹으면 아팠다. 《포박자》에서 이를 튼튼하게 하는 방법을 보았는데, 아침저녁으로 이를 삼백 번 두드리는 것이 좋은 치료 방법이었다. 수일 동안을 그렇게 하자 바로 나아서 지금도 항상 두드린다. 이러한 작은 연마술은 일을 하는 데 방해가 없고 또 수련할 수 있다. 대개 약물을 복용하는 것은 도은거의 《태청방》에 모두 매우 자세하게 기록되어 있는데, 매우 신중하게 해야지 경솔하게 해서는 안 된다. 근래 왕애주라는 사람이 업성에서 송진을 복용하는 것을 배우다가 절도를 얻지 못해 장이 막혀 죽었으니, 약을 잘못 복용한 자가 심히 많도다.

神仙之事, 未可全誣, 但性命在天, 或難鍾值[1]. 人生居世, 觸途牽縶[2]: 幼小之日, 旣有供養之勤; 成立之年, 便增妻

1) 鍾值(종치) : 때마침 만남.

拏之累. 衣食資須, 公私驅役, 而望遁跡山林, 超然塵滓, 千萬不遇一爾. 加以金玉[3]之費, 鑪器所須, 益非貧士所辦. 學如牛毛, 成如麟角. 華山[4]之下, 白骨如莽,[5] 何有可遂之理? 考之內教[6], 縱使得仙, 終當有死, 不能出世, 不願汝曹專精於此. 若其愛養神明, 調護氣息, 愼節起臥, 均適寒暄, 禁忌食飮, 將餌藥物, 遂其所稟, 不爲夭折者, 吾無間然[7]. 諸藥餌法, 不廢世務也. 庾肩吾[8]常服槐實[9], 年七十餘, 目看細字, 鬚髮猶黑. 鄴中朝士, 有單服杏仁 · 枸杞 · 黃精 · 術 · 車前[10]得益者甚多, 不能一一說爾. 吾嘗

---

2) 縶(집) : 마소를 잡아매다. 붙잡다.

3) 金玉(금옥) : 연단에 사용되는 황금(黃金), 옥석(玉石), 단사(丹砂), 운모(雲母) 등을 가리킴.

4) 華山(화산) : 현 산시성 동부의 화산. 신선이 기거하는 곳이라고 함.

5) 白骨如莽(백골여망) : 신선이 되지 못하고 도리어 재해를 맞아 산 아래에서 죽음.

6) 內教(내교) : 불교를 가리킴. 불교도는 유학을 외학, 유적을 외적, 유가를 외교라고 하고, 불학을 내학, 불적을 내적, 불가를 내교라 했다.

7) 無間然(무간연) : 다른 의견이 없다는 의미.

8) 庾肩吾(유견오) : 남조 양나라 사람. 유신의 부친. 궁체시의 대표 작가 가운데 한 사람으로 손꼽힌다. 시의 형식에서는 대구를 강조하고 성률에 치중해 율시의 발전에 영향을 끼쳤다.

9) 槐實(괴실) : 홰나무 열매. 약재로 사용.

10) 杏仁(행인) · 枸杞(구기) · 黃精(황정) · 術(술) · 車前(차전) : 모두

患齒, 搖動欲落, 飮食熱冷, 皆若疼痛. 見抱朴子牢齒之法, 早朝叩齒三百下爲良,11) 行之數日, 卽便平愈, 今恒持之. 此輩小術, 無損於事, 亦可脩也. 凡欲餌藥, 陶隱居12)太淸方中總錄甚備, 但須精審, 不可輕脫. 近有王愛州在鄴學服松脂, 不得節度, 腸塞而死, 爲藥所誤者甚多.

중국의 약재.

11) 《포박자(抱朴子) · 잡응(雜應)》. 어떤 이가 치아를 튼튼하게 하는 방법을 물으니, 포박자는 "화지(華池)를 모으고 예액(醴液)을 불려서 새벽에 치아를 300여 차례 두드리면 영원히 움직이지 않을 것이다"라고 대답했다(或問堅齒之道. 抱朴子曰 : 能養以華池, 浸以醴液, 淸晨建齒三百過者, 永不搖動).

12) 도은거(陶隱居) : 도홍경(陶弘景). 제량 시기의 학자이자 문인이며 은자다. 자호 화양은거(華陽隱居). 10세 때 갈홍의 《신선전(神仙傳)》을 읽고 은거에 뜻을 두었다. 경사와 문학뿐 아니라, 음양오행, 술수, 의약 등에 두루 능통했다. 산천을 돌아다니며 선약을 찾았다. 양나라 무제의 신임이 두터웠으며, 국가의 길흉 · 정토(征討) 등 대사(大事)에 자문 역할을 해 산중재상(山中宰相)이라고 불렸다.

대개 양생을 하는 사람은 먼저 필히 화를 입을 것을 걱정해 몸을 온전히 해서 생명을 보호해야 한다. 생명이 있은 연후에야 양생할 수 있으니, 부질없이 그 살지 못함을 양생하지 말아야 한다. 단표는 내부를 양생했으나 외부를 잃었고, 장의는 몸 밖을 양생했으나 내부를 상실했으니, 전대의 현인이 경계하는 바다. 혜강이 지은 《양생》의 논은 사람들에게 오만해서 형벌을 받았고, 석숭은 약을 복용한 증험을 기대했지만 탐닉해서 재난을 당했으니, 이는 전대 사람들이 미혹되어 빠진 것이다.

夫養生者先須慮禍, 全身保性, 有此生然後養之, 勿徒養其無生也. 單豹[1]養於內而喪外, 張毅[2]養於外而喪內, 前賢所戒也. 嵇康著養生之論, 而以慠物受刑, 石崇[3]冀服餌

---

1) 單豹(단표) : 춘추 시대 노(魯)나라의 은자. 바위에 거처하며 물을 마시면서 나이 70세가 되어도 어린아이와 같았는데, 굶주린 호랑이를 만나 잡아먹혔다.

2) 張毅(장의) : 부귀한 사람의 저택을 지날 때마다 잔걸음으로 걷지 않은 적이 없을 정도로 겉으로 예를 지켰으나, 40세에 열병이 나서 죽었다. 《장자 · 달생(達生)》 참조.

3) 石崇(석숭) : 서진 시대의 문인이자 관리로 항해와 무역으로 큰 부자가 되어 매우 사치스러운 생활을 해 중국과 한국 등지에서 후대에도 부자의 대명사로 여겨졌다. 특히 그는 낙양 서쪽에 금곡원(金谷園)을 지

之徵, 而以貪溺取禍, 往世之所迷也.

어 관리와 문인들을 초대해 주연을 자주 열며 풍류를 즐겼는데, 그 자리에서 시를 짓지 못하는 사람에게는 벌로 서 말의 술을 마시게 했다고 한다.

귀심(歸心) : 불교의 귀심

세속에서 불교를 비방하는 것은 대개 다섯 가지다. 첫째, 세상의 외부 및 예측 불변의 것으로써 황당무계하게 하는 것이다. 둘째, 길흉화복 혹은 응보가 없는 것으로써 현혹하는 것이다. 셋째, 스님과 비구니가 대부분 순정하지 않은 일을 함으로써 사특하게 되는 것이다. 넷째 황금 보물을 소비하고 조세와 부역을 감면함으로써 국가의 손해가 되는 것이다. 다섯째, 설령 선악에 응보하는 인연이 있다 하더라도, 어찌 지금의 갑을 수고로이 하여 후세의 을에게 이익을 준다는 것인가. 다른 사람인데도 말이다. 지금 아래에 그것을 설명하노라.

俗之謗者, 大抵有五: 其一, 以世界外事及神化無方爲迂誕也; 其二, 以吉凶禍福或未報應爲欺誑也; 其三, 以僧尼行業多不精純爲姦慝也; 其四, 以糜費金寶減耗課役爲損國也; 其五, 以縱有因緣如報善惡, 安能辛苦今日之甲, 利益後世之乙乎? 爲異人也. 今並釋之於下云.

대개 사람들이 믿는 것은 오직 귀로 듣는 것과 눈으로 보는 것이다. 귀와 눈으로 보고 들은 것 외에는 모두 의심을 한다. 유가는 하늘을 말하면서 본래 몇 가지 의논이 있었다. 혹은 혼천설, 혹은 개천설, 혹은 선야설, 혹은《안천론》을 믿었다. 북두칠성이 북극을 돈다는 것은 북두의 중심에 의거해 회전하는 것으로, 만약 직접 보게 된다면 이렇게 다른 관점을 용납하지 않을 것이며, 만약 측량을 하게 된다면 그 다른 것을 어찌 믿겠는가. 무슨 까닭으로 일반 사람들의 억설을 믿어 성인의 오묘한 뜻을 의심하며, 기필코 갠지스 강의 무수한 모래만큼 많은 세계가 없다고 하며, 작은 것도 억겁을 겪었다고 하는 것인가. 추연 역시 구주에 관한 주장을 했다. 산중의 사람들은 나무만큼 큰 고기가 있다는 것을 믿지 않고, 바다의 사람들은 고기만큼 큰 나무가 있다는 것을 믿지 않는다. 한 문제는 끊어진 활을 이을 수 있는 활 접착제를 믿지 않았고, 위 무제는 불을 태우고 난 후에 찌꺼기를 제거하는 화완포를 믿지 않았다. 오랑캐는 비단을 보고 누에가 뽕나무 잎을 먹고 실을 토해 내 완성한 것이라는 것을 믿지 않았다. 옛날 강남에서는 천 명이 덮을 수 있는 천막을 믿지 않았고, 황하의 북쪽에서는 2만의 곡식을 실을 수 있는 큰 배를 믿지 않았으니, 모두 실제 경험해야 되는 것이다.

凡人之信, 唯耳與目, 耳目之外, 咸致疑焉. 儒家說天, 自有數義: 或渾[1)]或蓋[2)], 乍宣[3)]乍安[4)]. 斗[5)]極[6)]所周, 管維[7)]所屬, 若所親見, 不容不同; 若所測量, 寧足依據? 何故信凡人之臆說, 迷大聖之妙旨, 而欲必無恒沙[8)]世界, 微塵[9)]數劫[10)]也? 而鄒衍[11)]亦有九州之談[12)]. 山中人不信有魚大

---

1) 渾(혼) : 혼천설(渾天說). 하늘의 형체는 탄환같이 둥글고, 천지는 알과 껍질과 같다.

2) 蓋(개) : 개천설(蓋天說). 하늘은 마치 손잡이 없는 벌려진 우산, 땅은 뚜껑 없는 그릇과 같다.

3) 宣(선) : 선야설(宣夜說). 하늘은 형질이 없고, 기체가 우주를 구성하며, 일월성신(日月星辰)은 허공에 떠다니며 매인 데가 없다.

4) 安(안) : 《안천론(安天論)》. 한나라의 우희(虞喜)가 선야설에 근거해 쓴 것.

5) 斗(두) : 북두칠성.

6) 極(극) : 북극성.

7) 管維(관유) : 두추(斗樞). 즉 북두칠성의 중심.

8) 恒沙(항사) : '항하사수(恒河沙數)'의 약칭. 헤아릴 수 없는 수량.

9) 微塵(미진) : 매우 적은 물질.

10) 劫(겁) : 천지가 한 번 형성되어 멸망할 때까지를 '일겁(一劫)'이라 함.

11) 鄒衍(추연) : 전국 시대의 사상가. '추연(騶衍)'으로도 쓴다. 음양오행설을 제창했다. 세상의 모든 사상(事象)은 토(土) · 목(木) · 금(金) ·

如木, 海上人不信有木大如魚; 漢武不信弦膠,[13] 魏文不信火布[14]; 胡人見錦, 不信有蟲食樹吐絲所成; 昔在江南, 不信有千人毡帳, 及來河北, 不信有二萬斛船: 皆實驗也.

화(火)·수(水)의 오행상승(五行相勝) 원리에 의해 일어나는 것이라 했다.

12) 九州之談(구주지담) : 전설 속에서 나오는 중국의 고대 행정구역을 가리킨다. 그 주명(州名)에 대해서는 정론이 없으나,《상서(尙書)·우공(禹貢)》에서는 기(冀), 연(兗), 청(靑), 서(徐), 양(揚), 형(荊), 예(豫), 양(梁), 옹(雍)으로 나누고 있다.

13)《십주기(十洲記)》참고.

14) 火布(화포) : '화완포(火浣布)'. 석면으로 만든 포(布)로, 불에 타지 않는다.

세상에 축사 및 여러 환술을 부리는 사람이 있는데, 화염 속을 걷고 칼날 위를 걸을 수 있으며, 심은 오이를 거두고 우물을 옮기며, 눈 깜짝할 사이에 여러 모습으로 변한다. 사람의 힘이 할 수 있는 바가 이와 같을 수 있는데, 하물며 불교의 신통한 감응이란 상상할 수가 없으니, 천 리의 당기와 수천 리의 연화보좌에 도달해 극락정토로 변화시키며, 순식간에 2만 리나 되는 칠보탑 위로 뛰어나올 수 있도다.

世有祝師[1]及諸幻術, 猶能履火蹈刃, 種瓜移井, 倏忽之間, 十變五化. 人力所爲, 尙能如此; 何況神通感應, 不可思量, 千里寶幢, 百由旬[2]座, 化成淨土[3], 踊出妙塔乎.

---

1) 祝師(축사) : 고대 축문을 맡은 관리.

2) 由旬(유순) : 고대 인도의 도량형 단위.

3) 淨土(정토) : 엄숙하고 깨끗해 오탁[五濁 : 겁탁(刦濁), 견탁(見濁), 번뇌탁(煩惱濁), 중생탁(衆生濁), 명탁(命濁)]이 없는 극락세계.

유가의 군자는 항상 주방을 멀리하고, 살아 있는 것을 보고 그 죽음을 차마 견딜 수 없으며, 그 소리를 듣고서는 그 고기를 먹을 수 없다. 고시와 절상은 불교의 가르침을 몰라도 모두 살생하지 않았는데, 이는 곧 인자의 자연스러운 마음씨다. 생명을 지닌 것은 생명을 아끼지 않는 것이 없으니, 살생의 일은 버리고 반드시 이것을 힘써 행할 것이다. 살생을 즐기는 사람은 죽음에 이르러 응보를 받아 자손이 재앙을 입게 되니, 그 수가 매우 많아 다 기록할 수가 없지만, 잠시 마지막으로 몇 가지 예를 제시한다.

儒家君子, 尙離庖廚, 見其生不忍其死, 聞其聲不食其肉,[1)]高柴[2)] · 折像[3)], 未知內教, 皆能不殺, 此乃仁者自然用心. 含生之徒, 莫不愛命; 去殺之事, 必勉行之. 好殺之人, 臨

---

1) 《맹자(孟子) · 양 혜왕(梁惠王)》 참조. "군자는 짐승을 대함에 있어서, 그 살아 있는 것을 보고서는 차마 그 죽음을 보지 못하며, 그 울음소리를 듣고서는 차마 그 고기를 먹지 못하니, 이런 까닭으로 군자는 푸줏간을 멀리하는 것입니다(君子之於禽獸也, 見其生, 不忍見其死. 聞其聲, 不忍食其肉. 是以君子遠庖廚也)."

2) 高柴(고시) : 공자의 제자. 자 자고(子羔). 겨울잠에서 막 깨어난 동물을 죽이지 않았고, 막 자라고 있는 초목을 꺾지도 않았다.

3) 折像(절상) : 동한 시대 사람. 어릴 때부터 마음이 인자해 곤충을 죽이지 않았고, 새싹을 꺾지도 않았다.

死報驗, 子孫殃禍, 其數甚多, 不能悉錄耳, 且示數條於末.

양나라에 어떤 사람은 항상 계란 흰자로 머리를 감으며, "머리에 윤기가 흐르도록 머리를 감을 때마다 이삼십 개의 계란을 사용한다"고 했다. 죽을 때에 머리에서 오직 꼬끼오 하는 수천 마리의 병아리 우는 소리가 들렸다.

梁世有人, 常以鷄卵白和沐, 云使髮光, 每沐輒二三十枚. 臨死, 髮中但聞啾啾數千鷄雛聲.

왕극이 영가의 태수가 되자 어떤 사람이 양을 바치니, 손님을 초대해 연회를 베풀고자 했다. 양을 묶은 끈을 풀고 한 손님 앞에 던지고는 먼저 무릎을 꿇어 두 번 절하고서 다시 품안에 넣었다. 손님은 아무 말도 못한 채 진실로 살려 줄 것을 청하지 못했다. 잠시 후 양을 잡아 국을 끓여서 먼저 손님 앞에 놓았다. 손님은 고기 한 점을 입에 넣으며 양 껍질을 벗겨 내다가, 주위를 빙빙 돌며 아프다고 울부짖으며 그때서야 양을 살려 줄 것을 청했다. 그러나 결국 양의 울음을 내며 죽었다.

王克[1]爲永嘉郡守, 有人餉羊, 集賓欲醼. 而羊繩解, 來投一客, 先跪兩拜, 便入衣中. 此客竟不言之, 固無救請. 須臾, 宰羊爲羹, 先行至客. 一臠入口, 便下皮內, 周行徧體, 痛楚號叫; 方復說之. 遂作羊鳴而死.

1) 王克(왕극) : 남조 양진 시대의 사람.

서증(書證) : 서적의 고증

《시경》에서 "참치행채"라고 했다. 《이아》에서 "행은 접여다"라고 했다. 행(荇) 자는 간혹 '행(莕)'으로 쓰기도 한다. 전대 유가의 해석에서는 "물풀로서 둥근 잎에 가는 줄기이며 물에 따라 길이가 결정된다"라고 했다. 지금 물에는 모두 그것이 있는데, 누런 꽃이 순채와 같아서, 강남의 민간에서는 저순이라고도 하며 행채라고도 한다. 유방이 주석을 상세하게 했다. 그러나 하북 지역의 일반인들은 대부분 그것을 알지 못하는데, 박사도 모두 이리지리 피이 있는 행채를 현채라고 하며, 인현을 인행이라고 하니, 이 또한 심히 우습도다.

詩云: "參差荇菜."[1] 爾雅云: "荇, 接余也."[2] 字或爲莕. 先儒解釋皆云: 水草, 圓葉細莖, 隨水淺深. 今是水悉有之, 黃花似蓴[3], 江南俗亦呼猪蓴[4], 或呼爲荇菜. 劉芳[5]具有

---

1) 《시경 · 주남(周南) · 관저(關雎)》 참조. '행(荇)'은 수생식물로, 노란 꽃을 피우고 잎이 둥글며 먹을 수 있다.

2) 《이아 · 석초(釋草)》 참조.

3) 蓴(순) : 다년생 수생 식물.

注釋. 而河北俗人多不識之, 博士皆以參差者是莧菜,[6] 呼人莧[7]爲人荇, 亦可笑之甚.

---

4) 猪蓴(저순) : 순은 추동 무렵에 돼지에게 먹였기 때문에 이렇게 칭함.

5) 劉芳(유방) : 북위의 학자. 음운에 매우 밝음.

6) 莧菜(현채) : 현은 일년생 식물로, 줄기와 잎이 부드러워 먹을 수 있다. 약재에 쓰여 해독할 수 있다.

7) 人莧(인현) : 약재로 쓰임. 현의 일종. 《본초도경(本草圖經)》에 따르면 현에는 인현(人莧), 적현(赤莧), 백현(白莧), 자현(紫莧), 마현(馬莧), 오색현(五色莧) 등 여러 종류가 있다.

《역경》에는 촉재의 주석본이 있는데, 강남의 학사들은 그가 어디 사람인지를 모른다. 왕검의 《사부목록》에서는 성명을 언급하지 않고 "왕필의 후인이다"라고 해제했다. 사경, 하후해는 천 권의 책을 읽었기에 모두 초주일 것이라고 의심했다. 그러나 《이촉서》, 일명 《한지서》에서는 "성은 범이고 이름은 장생으로 스스로 촉재라고 칭했다"라고 했다. 남방은 진 왕조가 도강한 이후로 북방의 서적을 모두 위서라고 하며 열독하는 것을 귀히 여기지 않았기에 보지 못한 것이다.

易有蜀才注,[1] 江南學士, 遂不知是何人. 王儉[2]四部目錄, 不言姓名, 題云: "王弼[3]後人." 謝炅[4] · 夏侯該[5], 並讀數

---

1) 《수서(隋書) · 경적지(經籍志)》에 의거하면 촉재(蜀才)가 주석한 《주역》 10권이 있었음을 알 수 있다(周易十卷, 蜀才注).

2) 王儉(왕검) : 제나라의 문학가, 학자. 부친 왕승작(王僧綽)이 송 문제에 의해 사살되어 왕검은 두 살 때부터 숙부 왕승건(王僧虔)에 의해 부양되었다. 《칠지(七志)》를 편찬해 중국의 목록학 발전에 큰 이바지를 했다.

3) 王弼(왕필) : 위나라 정시(正始) 연간의 현학가, 문인. 노자와 장자에 정통해 변론에 능했다. 세속에서 벗어나 떠돌아 노니는 것을 좋아했고, 음률을 잘 이해했다.

4) 謝炅(사경) : 양나라 사람.

千卷書, 皆疑是譙周[6]; 而李蜀書[7]一名漢之書, 云: "姓范名長生, 自稱蜀才."[8] 南方以晉家渡江後,[9] 北間傳記, 皆名爲僞書, 不貴省讀, 故不見也.

---

5) 夏侯該(하후해) : 하후영(夏侯詠)이라고 해야 함. 양나라 사람.

6) 譙周(초주) : 삼국 시대 사람으로, 경학에 밝고 서찰에 능했으며 천문에도 밝았다.

7) 李蜀書(이촉서) : 《촉이서(蜀李書)》라고 해야 함. 《수서 · 경적지》에는 《한지서(漢之書)》라고 되어 있는데, 본디 상거(常璩)가 편찬한 이것은 후일 《촉이서》라고 개명되었음.

8) 《경전석문(經典釋文) · 서록(敍錄)》에 의거하면, 촉재가 주석한 《주역》 10권을 언급하면서, 《촉이서》의 기록을 인용해 "촉재의 성은 범(范), 이름은 장생(長生)이고, 일명 현(賢)이라고 하며, 청성(靑城)의 북쪽에 은거하면서 자호를 촉재(蜀才)라 했다. 이웅(李雄)은 그를 승상으로 삼았다(蜀李書云 : 姓范, 名長生, 一名賢, 隱居靑城北, 自號蜀才. 李雄以爲丞相)"라고 했다. 즉 이웅은 파저족 출신으로 오호십육국 시대에 촉 지역을 점령해 성한(成漢)의 초대 황제가 되었다. 범장생은 후일 이웅에게 투항해 그의 승상이 되었다.

9) 서진 왕조가 북중국의 호족(胡族)이 침입해 멸망하면서, 그 후 사마예(司馬睿)가 양자강 이남으로 건너가 다시 '동진(東晉)'이라 했다.

《태사공기》에 “닭의 부리가 될지언정 소의 꼬리가 되지 않겠다”라고 했다. 이는 《전국책》에서 절취했다. 내가 보건대, 연독의 《전국책음의》에서 “시는 닭의 부리, 종은 소의 꼬리”라고 했으니, ‘구’는 ‘시’가 되어야 하고, ‘후’는 마땅히 ‘종’이 되어야 할진대, 세속에서 잘못 쓴 것인 듯하다.

太史公記[1]曰: “寧爲雞口, 無爲牛後.”[2] 此是删戰國策耳.[3] 案: 延篤[4]戰國策音義曰: “尸, 雞中之王. 從, 牛子.” 然則‘口’當爲‘尸’, ‘後’當爲‘從’, 俗寫誤也.

---

1) 太史公記(태사공기) : 《사기》의 본명. 위진 시대 이후로 《사기》로 통용됨.

2) 《사기 · 소진열전(蘇秦列傳)》 참조.

3) 《전국책 · 한책(韓策)》 참조.

4) 延篤(연독) : 동한 시대 사람. 마융(馬融)에게 사사. 경전과 제자백가에 능통. 《전국책론(戰國策論)》 1권을 편찬. 여기서의 《전국책음의(戰國策音義)》는 고증할 수 없음.

《후한서》에서 "혹리 번엽이 천수의 군수가 되자, 양주에서 노래하길, '차라리 새끼에게 젖을 먹이는 호랑이의 동굴에 가더라도, 천수의 관아에는 들어가지 않는다'고 했다. 그러나 강남의 판본에는 '혈'이 모두 '육'으로 잘못 적혔다. 학사들이 이것을 인습해 혼미해져서 깨닫지 못했다. 대개 호랑이나 표범이 동굴에 사는 것은 명백한 사실인즉, 그래서 반초는 '호랑이 굴에 들어가지 않으면 어찌 호랑이를 잡으리오'라고 했다. 어찌 그것이 여섯 마리인지 일곱 마리인지를 논했겠는가.

後漢書: "酷吏樊曄[1]爲天水郡守,[2] 凉州[3]爲歌之曰: '寧見乳虎穴[4], 不入冀府寺[5].'" 而江南書本'穴'皆誤作'六', 學士因循, 迷而不寤. 夫虎豹穴居, 事之較[6]者; 所以班超[7]云: "不探虎穴, 安得虎子?" 寧當論其六七耶?

---

1) 樊曄(번엽) : 동한 시대의 혹리. 천수(天水)의 태수. 가혹한 정치를 해 당시 사람들이 호랑이 동굴에 들어가는 것보다 그를 만나는 것을 더 무서워하였다고 함.

2) 《후한서(後漢書) · 혹리전(酷吏傳)》 참조.

3) 凉州(양주) : 현 간쑤성(甘肅省) 회족자치현(回族自治縣).

4) 乳虎穴(유호혈) : 젖을 먹이는 호랑이의 동굴.

5) 冀府寺(기부사) : 천수군(天水郡) 부아(府衙).

6) 較(교) : 밝다.

7) 班超(반초) : 후한 초기의 무장. 변경에 흉노족이 침범해 자주 약탈하고 주민을 살상한다는 소식을 접하고 무인(武人)으로 자원해 흉노 원정군으로 가담했다. 이에 흉노의 지배하에 있던 50여 나라를 한(漢)나라에 복종시켰고 중국과 서역(西域) 간의 경제와 문화 교류를 촉진시키는 데 지대한 공헌을 했다. 《한서》의 저자인 반고(班固)의 동생이다.

혹자가 "《산해경》은 하우, 백익이 기술한 것인데, 장사, 영릉, 계양, 제기와 같은 군현이 적히지 않은 것은 무슨 까닭이오?"라고 물었다. 나는 다음과 같이 대답했다. "사서의 궐문은 오래되었다. 게다가 진나라 사람이 학문을 멸하고, 동탁이 서적에 불을 질러 전적이 뒤죽박죽인 것이 이것만이 아니다. 예를 들면, 《본초》는 신농이 지은 것인데, 예장, 주애, 조국, 상산, 봉고, 진정, 임치, 풍익 등의 군현명이 있으며, 약재가 나온다. 《이아》는 주공이 지은 것인데, '장중효우'라는 말이 있다. 공자가 《춘추》를 수정했는데, 《경문》에는 공자의 죽음을 기록하고 있다. 《세본》은 좌구명이 지은 것인데, 연왕 희와 한 고조를 기록했고, 《급총쇄어》에는 〈진망비〉를 기록했으며, 《창힐편》은 이사가 지은 것인데, '한나라가 천하를 다스려 온 천하에 위엄을 떨치고, 진희가 포획되고 한신이 멸망하고, 역적이 토벌을 받고 도적이 멸망했다'는 것이 있다. 《열선전》은 유향이 지은 것인데, 〈찬〉에서 말한 74인은 불경에서 나왔다. 《열녀전》 또한 유향이 지었고, 그의 아들 유흠도 〈열녀전송〉을 지었는데, 전국시대의 조도후까지가 마지막 내용이지만 전문에는 갱시의 한 부인, 명덕 마후 및 양부인 예가 있으니, 이는 모두 후인이 찬술한 것으로 본 문장이 아니다."

或問: "山海經[1], 夏虞[2]及益[3]所記, 而有長沙, 零陵, 桂陽, 諸暨, 如此郡縣不少, 以爲何也?" 答曰: "史之闕文[4], 爲日久矣; 加復秦人滅學[5], 董卓焚書,[6] 典籍錯亂, 非止於此. 譬猶本草[7]神農所述, 而有豫章, 朱崖, 趙國, 常山, 奉高, 眞定, 臨淄, 馮翊等郡縣名, 出諸藥物, 爾雅[8]周公所作, 而云'張仲[9]孝友'; 仲尼修春秋, 而經[10]書孔丘卒; 世本[11]左

---

1) 山海經(산해경) : 고대 지리 저작. 18편.

2) 夏禹(하우) : 하(夏)나라 우씨(禹氏)의 수령으로, 치수(治水)에 공을 세워 순임금으로부터 제위를 선양받았다.

3) 益(익) : 백익(伯益). 목축과 사냥을 잘했다. 후일 우의 치수를 도왔나.

4) 闕文(궐문) : 빠져서 기록되지 않음.

5) 秦人滅學(진인멸학) : 진 시황의 분서갱유. 분서갱유는 진나라의 승상(丞相) 이사(李斯)가 주장한 탄압책으로 실용 서적을 제외한 모든 사상 서적을 불태우고 유학자를 생매장한 일.

6) 《후한서 · 동탁전(董卓傳)》 참조.

7) 本草(본초) : 《신농본초경(神農本草經)》을 가리킴.

8) 爾雅(이아) : 중국에서 가장 오랜 자서(字書)로 유가(儒家)의 이른바 '13경' 가운데 하나다. 《시경》, 《서경》 등 고전(古典)의 문자(文字)를 추려 유의어(類義語)와 자의(字義) 등을 해설한 것으로 고대 중국어의 어휘 연구에 중요한 자료로 쓰인다.

9) 張仲(장중) : 주(周)나라 선왕(宣王) 때 사람. 그는 효성스럽고 우애가 있었다.

丘明所書, 而有燕王喜 · 漢高祖; 汲冢瑣語乃載秦望碑; 蒼詰篇李斯所造, 而云'漢兼天下, 海內幷厠, 豨[12]鯨韓[13]覆, 畔討滅殘'; 列仙傳[14]劉向所造, 而贊云: 七十四人出佛經; 列女傳亦向所造, 其子歆又作頌,[15] 終于趙悼后[16], 而傳有更始韓夫人[17] · 明德馬后[18]及梁夫人嫕[19]: 皆由後

---

10) 經(경) : 《좌전(左傳)》을 가리킴.

11) 世本(세본) : 전국 시대의 사관이 쓴 것.

12) 豨(희) : 진희(陳豨).

13) 韓(한) : 한신(韓信). 진희와 한신 모두 한(漢)나라 고조(高祖) 때의 반역 신하. 한신은 초(楚)나라 항우(項羽)를 섬기다가 중용되지 않자, 한왕(漢王) 유방(劉邦)에게 투항했는데, 한 고조가 정권을 수립한 후에 자신을 중용하지 않는다는 이유로 '토사구팽(兎死狗烹)'이라는 말을 남기며 진희와 함께 반역을 모의했다. 후일 그 일이 탄로 나 여후(呂后)의 부하에게 참살당했다.

14) 列仙傳(열선전) : 신선에 관한 이야기로 유향(劉向)이 편찬했다고 함. 그러나 안지추는 유향의 시대에는 아직 중국에 불교가 들어오지 않았을 때이므로, 유향이 그것을 편찬했다는 설에 의문을 품었다.

15) 《수서 · 경적지》에 유향이 편찬한 《열녀전》 10권과 유흠이 편찬한 《열녀전송》 1권이 보인다.

16) 趙悼后(조도후) : 전국시대 조도(趙悼) 양왕(襄王)의 처.

17) 更始韓夫人(갱시 한 부인) : 유현(劉玄)이 총애하던 비를 가리킴. '갱시'는 유현 제위 연간의 연호. 유현은 양한(兩漢) 교체기 녹림군(綠林軍)에 의해 황제로 옹립됐다. 본래 서한의 황족이었으며, 유수의 족형(族兄)이다. 후일 유수가 정권을 차지해 후한을 수립했다.

人所羼, 非本文也."

18) 明德馬后(명덕마후) : 동한 광무제(光武帝) 유수(劉秀)의 처. 한대의 장군 마원(馬援)의 딸.

19) 梁夫人嫕(양 부인 예) : 동한 화제(和帝)의 이모. 번조(樊調)의 처.

혹자가 "하룻밤은 무슨 까닭으로 5경입니까? 경은 어떻게 해석해야 합니까?"라고 물었다. 이에 다음과 같이 대답했다. "한위 이래로 갑야, 을야, 병야, 정야, 무야라고 하고, 또 일고, 이고, 삼고, 사고, 오고라고 하기도 하며, 또 일경, 이경, 삼경, 사경, 오경이라고 하는데, 모두 다섯 단계다. 《서도부》에서도 '밤의 경비를 지키는 관청을 수호하다'라고 했으니, 이와 같은 까닭은 만약 정월을 인이라고 가정한다면, 북두성의 두병이 저녁에는 인을 가리키고 새벽에는 오를 가리키기 때문이다. 인에서 오까지 대개 다섯 개의 별자리를 지난다. 겨울과 여름의 달은 비록 길이가 들쑥날쑥하나, 별자리의 간격은 넓어도 여섯 개의 별자리를 넘지 않고, 좁아도 네 개의 별자리보다는 좁지 않으니, 이 다섯 개의 별자리 사이에서 오간다. 경은 지나가다, 경과하다라는 뜻이므로 오경이라고 한다."

或問: "一夜何故五更? 更何所訓?" 答曰: "漢魏以來, 謂爲甲夜, 乙夜, 丙夜, 丁夜, 戊夜, 又云鼓[1], 一鼓, 二鼓, 三鼓, 四鼓, 五鼓, 亦云一更, 二更, 三更, 四更, 五更, 皆以五爲節. 西都賦[2]亦云: '衛以嚴更之署[3].' 所以爾者, 假令正月

1) 鼓(고) : 여기의 이 글자는 연문(衍文)이어서 생략해야 한다.

2) 西都賦(서도부) : 서한의 반고가 지음.

建寅[4], 斗柄[5]夕則指寅, 曉則指午矣; 自寅至午, 凡歷五辰[6]. 冬夏之月, 雖復長短參差, 然辰間遼闊, 盈不過六, 縮不至四, 進退常在五者之間. 更, 歷也, 經也, 故曰五更爾."

---

3) 嚴更之署(엄갱지서) : 야경(夜警)을 엄하게 관리하는 관청.

4) 建寅(건인) : 하력(夏曆)에서는 저녁 두병이 인위(寅位)를 가리키는 달을 1년의 제1월이라 했다. 1월 인위를 시작으로 2월 묘위(卯位), 3월 진위(辰位) … 12월 축위(丑位)까지 북두칠성은 일주 운동을 하며 매월 30도씩 선회한다.

5) 斗柄(두병) : '두표(斗杓)'라고도 함. 북두칠성의 별을 가리킴.

6) 五辰(오진) : 고대는 12지지(地支)로 하루 열두 시간을 표시했는데, 저녁 인시(寅時)에서 새벽 오시(午時)까지 모두 다섯 개의 시진(時辰)이다.

혹자가 "세간에서 괴뢰자를 곽독이라고 부르는데, 그 전고는 무엇입니까?"라고 물었다. 나는 다음과 같이 대답했다. "《풍속통》에서 '곽씨들은 모두 독(禿) 자를 피휘한다'라고 했다. 당시 전대 사람들 중 곽씨가 병에 걸려 대머리가 된 자가 있었는데, 우스운 이야기를 잘하고 농담을 잘해, 후인들이 그 모습을 본떠서 곽독이라고 했으니,《문강》의 유량의 형상과 같다."

或問: "俗名傀儡子[1]爲郭禿[2], 有故實乎?" 答曰: "風俗通云: '諸郭皆諱禿.' 當是前代人有姓郭而病禿者, 滑稽戲調, 故後人爲其象, 呼爲郭禿, 猶文康[3]象庾亮耳."

---

1) 傀儡子(괴뢰자) : 나무 인형으로 노는 인형극의 일종으로, 굴롱자(窟籠子)라고도 함.

2) 郭禿(곽독) : '곽공(郭公)'이라고도 함. 북제의 후주(後主) 고위(高緯)가 평소 나무 인형으로 노는 인형극을 좋아했는데, 그것을 '곽공'이라고 불렀다.

3) 文康(문강) : 옛날 희극의 이름. '문강'은 동진(東晋)의 태위(太尉) 유량(庾亮)의 시호. 이것은 당시 유량의 집에서 시작된《예필(禮畢)》이라는 희극에서 나온 것인데, 유량이 죽자 그 가기(家妓)가 유량을 생각하며 만든 것이라고 함. '예필'은 구부악(九部樂)이 끝나면 시작되었다는 데에서 명명된 것임.

음사(音辭) : 음훈과 자의에 대해

대개 구주의 사람들의 언어가 각기 다른 것은 인류가 태어난 이래로 본디 그러하기 때문이다. 《춘추공양전》은 제나라 지역의 언어가 전해지는 것을 표기했고, 《이소》는 초 지역 언어의 경전이라고 여기니, 이는 대개 방언의 차이를 명확하게 한 최초의 것이다. 후에 양웅이 지은 《방언》은 이 방면의 논술이 대체로 상세하다. 그러나 모두 사물 명칭의 다름을 고증한 것이고 독음의 정확성 여부는 표시하지 않았다. 정현이 주석한 《육경》, 고유가 주해한 《여씨춘추》, 《회남자》, 허신이 지은 《설문해자》, 유희가 지은 《석명》에 이르러서야 비로소 비유와 가차의 방법으로 음독을 표명했다. 그러나 옛날 음과 지금의 음은 차이가 있으며, 그중 어음의 경중, 청탁은 이해할 수가 없다. 게다가 내언외언, 급언서언, 독약의 종류와 같은 주음 방법은 더욱 이해하기 힘들다. 손숙언이 지은 《이아음의》는 한나라 말기 사람들이 오직 반절법을 이해해 주음한 것이다. 조위에 이르러 이런 반절 주음법은 크게 성행했다. 고귀향공인 조모는 이 반절 주음의 방법을 알지 못해서 괴이한 사건이라고 여겼다. 이로부터 운서가 잇따라 나오고, 이런 서적은 각각 각지의 방언을 기록했는데, 서로 비방하고 비웃으며 각자 그것이 옳다고 해서 도대체 어느 것이 옳은지 모른다. 모두 제왕이 도읍한 곳의 어음을 이용해 각지의 방언을 비교하고 고금의 어음을 대조하고 절충의 방법을 취했다. 대조와 비교를 통해 오직 건강음(建康音)과 낙양음(洛陽音)으로 나누었다. 남방은 지역이 온유해서 어음이 청량 유장하고 발음이 급절한데, 부족한 점은 발음이 천하고 말이 비속하다는 데 있다. 북방은 산천이 깊어서 어음이 무겁고 느리며 그 질박한 것을 드러내나 고어가 많다. 벼슬한 선비의 언어로서는 남방이 북방보다 우수하고, 시정 평민의 언어로서는 북방이 남방을 능가한다. 옷을 바꿔 입고 담소를 나누더라도 남방의 사대부는 평민과 오직 몇 마디만 하더라도 그들의 신분을 변별할 수 있다. 벽을 사이에 두고 이야기하는 것을 듣는데, 북방의 관인이 평민과 이야기한다면 하루 종일 들어도 구분하기 어렵다. 남방의 언어는 오나라와 월나라의 언어의 영향을 받았고, 북방어는 외족의 언어가 섞여 있다. 둘은 모두 커다란 병폐가 있으니 자세하게 말할 수 없다. 그것 중 오류가 경미한 것으로는 남방인이 '전'을 '연'으로 읽고, '석'을 '사'로 읽으며, '천'을 '선'으로, '시'를 '지'로 읽는 것이며, 북방인이 '서'를 '수'로, '여'를 '유'로, '자'를 '자'로, '흡'을 '압'으로 읽는 것이다. 이러한 예와 같이 남방과 북방의 과오가 모두 크다. 내가 업도에 이른 이후 오직 최자약, 최첨 숙질 두 사람과 이조인, 이위 형제를 알았는데, 언어에 자못 연구를 해서 다소 바로잡았다. 이계절이 지은 《음운결의》는 때때로 잘못이 보이며, 양휴지가 지은 《절운》은 특히 초략하다. 우리 집안의 아이들은 비록 아직 어리지만 그들의 언어를 점점 교정해서 한 글자의 발음이 잘못되는 것을 자신의 과실로 삼았다. 기물은 서적 기록의 참고 없이는 마음대로 이름 지을 수 없다는 것은 너희가 알고 있을지어다.

夫九州之人, 言語不同, 生民已來, 固常然矣. 自春秋[1]標齊言[2]之傳, 離騷[3]目楚詞之經, 此蓋其較明之初也. 後有揚雄著方言[4], 其言大備. 然皆考名物[5]之同異, 不顯聲讀

---

1) 春秋(춘추) : 《춘추공양전(春秋公羊傳)》. 중국 제나라의 공양고(公羊高)가 쓴 《춘추》의 주석서. 《춘추》를 역사 철학적 관점에서 해석했으며, 《좌씨전》, 《곡량전》과 더불어 '춘추삼전'(春秋三傳)이라고 한다.

2) 齊言(제언) : 제나라 지역의 말.

3) 離騷(이소) : 중국 초나라의 굴원이 지은 부(賦). 조정에서 쫓겨난 후의 시름을 노래한 것으로 《초사(楚辭)》 가운데에서 으뜸으로 꼽힌다.

4) 方言(방언) : 양웅이 지은 책. 각 지방의 방언을 수록하고 해설함.

5) 名物(명물) : 사물의 명칭과 특징.

之是非也. 逮鄭玄[6]注六經, 高誘[7]解呂覽 · 淮南, 許愼造說文, 劉熹[8]製釋名[9], 始有譬況[10]假借[11]以證音字耳. 而古語與今殊別, 其間輕重淸濁, 猶未可曉; 加以內言外言[12] · 急言徐言[13] · 讀若[14]之類, 益使人疑. 孫叔言[15]創

---

6) 鄭玄(정현) : 중국 후한(後漢) 말기의 대표적 유학자. 제자들에게는 물론 일반인들에게서도 훈고학 · 경학의 시조로 깊은 존경을 받았다. 경학의 금문(今文)과 고문(古文) 외에 천문(天文) · 역수(曆數)에 이르기까지 광범한 지식의 소유자였다.

7) 高誘(고유) : 동한 시대의 문인. 고서의 주해로 유명함.

8) 劉熹(유희) : 한 말기의 훈고학자.

9) 釋名(석명) : 유희가 《이아》를 모방해 지은 훈고서.

10) 譬況(비황) : 반절(反切) 이전의 주음 방식으로, 묘사성의 말을 이용해 어떤 글자의 발음을 설명하는 방식.

11) 假借(가차) : 고대 주음(注音) 방식 중 하나. 어떤 뜻을 나타내는 한자가 없을 때, 그 단어의 발음에 부합하는 다른 문자를 원래의 뜻과는 관계없이 빌려 쓰는 방법.

12) 內言外言(내언외언) : 음훈학(音訓學)에서 홍음(洪音)과 세음(細音)을 구분해서 일컫는 용어. 홍음은 내언, 세음은 외언을 가리킨다. 이는 후대 등운학(等韻學)의 발전에 영향을 미침.

13) 急言徐言(급언서언) : '내언외언'과 마찬가지로, '급언'은 '세음', '서언'은 '홍음'을 가리킨다. 개음(介音)의 유무 등을 기준으로 분류하는 방법.

14) 讀若(독약) : 고대 주음의 방식. 소리가 같은 한자를 이용해 그 발음을 나타내는 방법.

爾雅音義, 是漢末人獨知反語[16]. 至於魏世, 此事大行. 高貴鄉公[17]不解反語, 以爲怪異. 自玆厥後, 音韻鋒出, 各有土風, 遞相非笑, 指馬之諭, 未知孰是. 共以帝王都邑, 參校方俗, 考覈古今, 爲之折衷. 推而量之, 獨金陵與洛下耳. 南方水土和柔, 其音淸擧而切詣, 失在浮淺, 其辭多鄙俗. 北方山川深厚, 其音沈濁而鈋鈍, 得其質直, 其辭多古語. 然冠冕君子, 南方多優; 閭里小人, 北方爲愈. 易服而與之談, 南方士庶, 數言可辯; 隔垣而聽其語, 北方朝野, 終日難分. 而南染吳·越, 北雜夷虜, 皆有深弊, 不可具論. 其謬失輕微者, 則南人以錢爲涎, 以石爲射, 以賤爲羨, 以是爲舐, 北人以庶爲戍, 以如爲儒, 以紫爲姊, 以洽爲狎. 如此之例, 兩失甚多. 至鄴已來, 唯見崔子約·崔瞻叔姪,[18] 李祖仁·李蔚兄弟,[19] 頗事言詞, 少爲切正. 李季

---

15) 孫叔言(손숙언) : 손염(孫炎)을 가리킴. 진(晉) 무제(武帝)의 이름을 피휘해서 손숙연(孫叔然)이라고 함. '숙연'은 본디 그의 자임. 즉 '언(言)'은 '연(然)'의 오기라고 할 수 있다.

16) 反語(반어) : 반절(半切). 한자의 음을 표시하기 위해 두 글자를 합해서 한 글자의 음을 나타내는 방법. 예를 들면, '東, 德紅切'은 '덕(德)'의 성모 /t/와 '홍(紅)'의 운모 /uŋ/을 합해 '東(/tuŋ/)'이란 음을 표시한 것이다.

17) 高貴鄉公(고귀향공) : 조비의 손자인 조모(曹髦)를 가리킴.

18) 崔瞻(최첨)은 북제 문인으로, 어릴 적부터 총명하고 열심히 배워 명망을 얻음. 최자약(崔子約)은 그의 숙부다.

19) 李祖仁(이조인), 李蔚(이위)는 모두 북위의 비서감 이해(李諧)의 아들

節[20]著音韻決疑, 時有錯失; 陽休之[21]造切韻, 殊爲疎野. 吾家兒女, 雖在孩稚, 便漸督正之; 一言訛替, 以爲己罪矣. 云爲品物, 未考書記者, 不敢輒名, 汝曹所知也.

이다.

20) 李季節(이계절) : 李概(이개). 북제의 문인으로 배우기를 좋아했으나 성격이 오만했다.

21) 陽休之(양휴지) : 북제의 문인. 문장이 화려하지 않고 전아(典雅)했다. 북주의 무제가 북제를 멸했을 때 안지추 등과 함께 장안(長安)으로 이송되었다.

잡예(雜藝) : 여러 가지 잡예에 관해

해서와 초서의 서체는 다소 주의를 기울여야 한다. 강남의 속담에 "서신은 천 리 밖을 눈앞에서 보는 것이다"라고 했다. 오늘날은 진나라와 송나라 이래의 풍속을 계승해 그것을 본받았기에 어지러운 것이 없다. 나는 어릴 때 가업을 이어받았고, 천성이 묵직하며, 눈으로 본 모범적인 글자체 또한 많아 감상하고 배우고자 하는 노력이 자못 깊었으나 뛰어날 수가 없었던 것은 참으로 타고난 재주가 없는 까닭일 것이다. 그러나 잡예는 과도히게 세심하지 말아야 한다. 대개 기교가 있는 사람은 고되고 지혜로운 사람은 근심스러워 늘 다른 사람들에게 부림을 받아서 더욱 피곤하게 된다. 위중이 삼가라고 유언을 남긴 것은 깊은 도리가 있다.

眞草[1)]書迹, 微須留意. 江南諺云: "尺牘[2)]書疏[3)], 千里面目

---

1) 眞草(진초) : '진'은 진서(眞書)로,해서(楷書)를 가리킨다. '초'는 초서(草書)를 가리킨다.

2) 尺牘(척독) : 서신(書信)을 칭함. 한대에는 서신을 1척 길이의 간독(簡牘)에 썼다.

也." 承晉宋餘俗, 相與事之, 故無頓狼狽者. 吾幼承門業, 加性愛重, 所見法書亦多, 而翫習功夫頗至, 遂不能佳者, 良由無分故也. 然而此藝不須過精. 夫巧者勞而智者憂, 常爲人所役使, 更覺爲累, 韋仲[4]將遺戒, 深有以也.

---

3) 書疏(서소) : 상서(上書), 주소(奏疏)를 지칭하나, 여기서는 서찰(書札)을 칭한다.

4) 韋仲(위중) : 한 · 위 시기의 문인 위탄(韋誕). 약관에 벼슬했으며 서예에 뛰어났다.

왕희지는 풍류 재사이며 소탈한 명인으로 온 천지가 그의 서법을 알았지만 도리어 다른 재능은 저절로 가려졌다. 소자운이 매번 감탄하며 말하길, "나는 《제서》를 지어 나라의 규범을 엮었는데, 문장의 큰 뜻이 볼만하다고 생각된다. 그런데 오직 필적으로 이름난 것은 이상한 일이다"라고 했다. 왕포의 제자는 고상하고 학식이 넓어 후일 관중(關中)으로 들어가서는 정중하게 중용되었지만, 오로지 서법으로 뛰어나 비석 사이에서 노역으로 고생하며 "만약 내가 서법을 몰랐다면 지금에 이르지는 않았을 것이다"라고 한탄했다. 이로 보건대, 절대로 서법으로 이름나지 말지어다. 그러하나 지위가 낮은 사람 중에 글지를 잘 써서 선발된 사람은 많다. 그러므로 도가 다르면 함께 도모하지 못하는 것이다.

王逸少[1)]風流才士, 蕭散名人, 擧世惟知其書, 翻以能自蔽

---

1) 王逸少(왕일소) : 왕희지(王羲之). 동진(東晉)의 서예가이자 문인. 중국 고금(古今)의 첫째가는 서성(書聖)으로 존경받고 있다. 해서 · 행서 · 초서의 각 서체를 완성함으로써 예술로서의 서예의 지위를 확립했다. 예서(隷書)를 잘 썼고, 당시 아직 성숙하지 못했던 해 · 행 · 초의 3체를 예술적인 서체로 완성한 공적이 있는데, 현재 그의 필적이라 전해지는 것도 모두 해 · 행 · 초의 3체에 한정되어 있다. 오늘날 전해 오는 필적만 봐도 그의 서풍(書風)은 전아(典雅)하고 힘차며 귀족적인 기

也. 蕭子雲[2)]每歎曰: "吾著齊書[3)], 勒成一典, 文章弘義, 自謂可觀, 唯以筆迹得名, 亦異事也." 王褒地胄[4)]淸華, 才學優敏, 後雖入關[5)], 亦被禮遇. 猶以書工, 崎嶇碑碣[6)]之間, 辛苦筆硯之役, 嘗悔恨曰: "假使吾不知書, 可不至今日邪?" 以此觀之, 愼勿以書自命. 雖然, 廝猥之人, 以能書拔擢者多矣. 故道不同不相爲謀也.

품이 높다.

2) 蕭子雲(소자운) : 양나라 시인, 서예가. 20세 때 《진서(晉書)》를 편찬. 천감(天監) 연간에 비서랑이 됨. 후경의 난 때 민간으로 도망갔다가 후일 승방(僧房)에서 굶어 죽었다.

3) 《齊書(제서)》 : 여기서 말하는 《제서》는 아마 소자현(蕭子顯)이 편찬한 《남제서(南齊書)》와 혼동해 잘못 적은 것이 아닌가 한다.

4) 地胄(지주) : 남북조 시기 황족제실(皇族帝室)을 '천황(天潢)', 세가호문(世家豪門)을 '지주'라고 했는데, 이 '지주'는 후일 문하생을 지칭하는 말로 사용되었다.

5) 入關(입관) : 왕포가 승성(承聖) 3년(554)에 서위의 침입으로 양나라가 함락되자 장안(長安)으로 이송되었음을 말하는 것이다. 여기서 '관(關)'은 관중(關中) 지역을 가리키는데, 지금의 산시성 웨이허(渭河) 일대다.

6) 碑碣(비갈) : 고대에 네모난 석각을 '비', 원형 석각을 '갈'이라고 함.

그림의 기교 또한 기묘하다. 자고로 명사는 대부분 그것에 능하다. 우리 집안에 일찍이 양 원제가 직접 그린 '선작백단선'과 '마도'가 있는데 역시 도달하기 어렵다. 무열태자는 정물화에 능해, 자리에서 가볍게 여러 명의 손님을 그렸는데, 어린아이에게 물어도 모두 그 이름을 알았다. 소분, 유효선, 유령은 모두 문학 이외에 회화에도 뛰어났다. 고금의 회화를 감상하고 특별히 소중히 여겼다. 만약 관직이 높지 않으면, 매번 공사의 명령에 의해 그림을 그리게 되어 또한 고역이 된다. 오현 고사단은 상동의 왕국 시랑이 되었고, 후일 진남부 형옥참군이 되었는데, 아들 고정은 양나라의 중서사인이다. 부자는 모두 음악과 서예의 기예가 있고 회화에 뛰어났다. 항상 원제에게 불려가 매번 한탄스러워 했다. 팽성의 유악은 유탁의 아들이다. 벼슬이 표기부관기, 평씨현령으로 재학이 있는 호방한 문사이며 회화에 매우 뛰어났다. 후일 무릉왕을 따라 촉에 가서 하뢰관에서 참패한 뒤에는 육호군을 위해 지강사 벽화를 그리며 여러 기술자들과 함께 어울렸다. 만약 이 세 명의 현인이 그림에 뛰어나지 않고 줄곧 유학에만 힘썼다면 어찌 이런 모욕을 보았겠는가?

畫繪之工, 亦爲妙矣; 自古名士, 多或能之. 吾家嘗有梁元帝手書蟬雀白團扇及馬圖,[1] 亦難及也. 武烈太子[2]偏能寫眞, 坐上賓客, 隨宜點染, 卽成數人, 以問童孺, 皆知姓名矣. 蕭賁[3]·劉孝先[4]·劉靈[5], 並文學已外, 復佳此法. 翫閱古今, 特可寶愛. 若官未通顯, 每被公私使令, 亦爲猥役. 吳縣[6]顧士端[7]出身湘東王國侍郞[8], 鎭南府[9]刑獄參軍[10], 有子曰庭[11], 西朝[12]中書舍人, 父子並有琴書之藝,

---

1) 양 원제는 총명하고 다방면의 기예가 뛰어났으며 서화의 재주를 타고났다. 일찍이 성승(聖僧)과 번객(蕃客)이 입조(入朝)하는 그림을 그렸는데, 무제가 매우 칭찬했다.

2) 武烈太子(무열태자) : 양 원제의 장자 소방등(蕭方等)을 가리킴. 그림을 잘 그림.

3) 蕭賁(소분) : 양나라 문인. 경릉왕 소자량(蕭子良)의 손자. 서화에 뛰어났다.

4) 劉孝先(유효선) : 양나라 문인. 유효작의 일곱 번째 동생. 오언시를 잘 지었다.

5) 劉靈(유령) : 양나라 문인. 안지추의 처남. 그림을 잘 그렸고, 관직이 자의참군(諮議參軍)에 이르렀음.

6) 吳縣(오현) : 오군(吳郡)의 정치 소재지, 현 장쑤성 쑤저우(蘇州) 지역.

7) 顧士端(고사단) : 양나라 관리.

8) 王國侍郞(왕국시랑) : 관직명.

9) 鎭南府(진남부) : 진남장군부(鎭南將軍府).

10) 刑獄參軍(형옥참군) : 부(府)에서 형벌을 담당하는 관원.

11) 庭(정) : 고사단의 아들 고정(顧庭). 고정은 양나라 문인으로 거문

尤妙丹靑, 常被元帝所使, 每懷羞恨. 彭城13)劉岳14), 槖15)之子也, 仕爲驃騎府16)管記17) · 平氏18)縣令, 才學快士, 而畵絶倫. 後隨武陵王19)入蜀, 下牢20)之敗, 遂爲陸護軍21)畵支江寺壁, 與諸工巧雜處. 向使三賢都不曉畵, 直運素業, 豈見此恥乎?

고와 서예에 능했다.

12) 西朝(서조) : 강릉(江陵)을 가리킴.

13) 彭城(팽성) : 현 장쑤성 쉬저우(徐州) 지역.

14) 劉岳(유악) : 양나라 문인으로 그림을 잘 그려 이름이 났다.

15) 槖(탁) : 유악의 부친 유탁(劉槖).

16) 驃騎府(표기부) : 표기장군부(驃騎將軍府).

17) 管記(관기) : 기실(記室)을 가리킴. 장표 문서(章表文書)를 담당.

18) 平氏(평씨) : 현 허난성 퉁바이(桐柏) 서쪽.

19) 武陵王(무릉왕) : 양 무제의 여덟 번째 아들 소기(蕭紀)를 말함. 양 무제가 가장 총애했다고 함.

20) 下牢(하뢰) : '하뢰관(下牢關)'. 현 후베이성 이창(宜昌) 서북쪽.

21) 陸護軍(육호군) : 육법화(陸法和)를 가리킴. 양 원제 때 영주자사(郢州刺史)였는데, 후일 북제로 도망갔다가 북주 정권에서 벼슬했다.

산술 또한 육예의 중요한 내용이다. 자고로 유학자는 천도를 논하고 율력을 정하는 것을 배워 능통했다. 그러나 산술에 정통하는 것을 전업으로 해서는 안 된다. 강남에서는 이것을 배운 자가 특히 적은데, 오직 범양의 조항이 정통해서 남강태수의 관직에 이르렀다. 하북에서는 대부분이 이 학술에 밝다.

算術亦是六藝[1)]要事; 自古儒士論天道, 定律歷者, 皆學通之. 然可以兼明, 不加以專業. 江南此學殊少, 唯范陽祖暅[2)]精之, 位至南康太守. 河北多曉此術.

---

1) 六藝(육예) : 고대 교육의 여섯 가지 내용. 예(禮) · 악(樂) · 사(射) · 어(御) · 서(書) · 수(數).

2) 祖暅(조항) : 수학자 조충지(祖冲之)의 아들로, 천문학에 능했다.

《공자가어》에서 "군자는 도박을 하지 않는다. 그것은 나쁜 길로 가게 하기 때문이다"라고 했다. 《논어》에 "바둑이 있지 않은가? 그것을 하는 것은 아무것도 하지 않는 것보다는 낫다"라고 했다. 성인은 도박을 하지 않는 것을 가르침으로 삼았으나, 학자는 언제나 정신을 집중할 수 없으니, 피곤할 때에는 무리지어 바둑을 두는 것이 배부르게 먹고 잠을 자거나 멍하니 앉아 있는 것보다는 나았음이라. 오태자는 무익하다고 해서, 위소에게 그것을 논하게 했다. 왕숙, 갈홍, 도간의 무리는 눈으로 보거나 손으로 잡지도 못하게 했는데, 이는 모두 근면하고 독실하고자 하는 의지다. 이렇게 할 수 있는 것도 좋다. 옛날에는 큰 바둑은 육저, 작은 바둑은 이경이라고 했는데, 오늘날에는 그것이 어떠한 것인지 알 수가 없다. 지금 행해지는 일경십이기에 비하면 방법이 간단해 놀 만하지는 않다. 장기는 수담, 좌은의 명칭이 있어 자못 고상한 놀이다. 그러나 사람들로 하여금 빠져들어 일상을 잊어버리게 하는 일이 실로 많아 자주 해서는 안 된다.

家語曰: "君子不博, 爲其兼行惡道故也."[1] 論語云: "不有

---

1) 《공자가어 · 오의해(五儀解)》 참조.

博弈者乎? 爲之, 猶賢乎已."[2] 然則聖人不用博弈爲教; 但以學者不可常精, 有時疲倦, 則儻爲之, 猶勝飽食昏睡, 兀然端坐耳. 至如吳太子[3]以爲無益, 命韋昭[4]論之; 王肅[5] · 葛洪 · 陶侃[6]之徒, 不許目觀手執, 此並勤篤之志也. 能爾爲佳. 古爲大博則六箸, 小博則二焭, 今無曉者. 比世所行, 一焭十二棊, 數術淺短, 不足可翫. 圍棊有手談 · 坐隱之目, 頗爲雅戱; 但令人躭憒, 廢喪實多, 不可常也.

---

2) 《논어 · 양화(陽貨)》 참조.

3) 吳太子(오태자) : 삼국 시대 오나라 태자 손화(孫和)를 가리킴.

4) 韋昭(위소) : 위요(韋曜). 삼국 시대 오나라 문인. 진 무제 사마요(司馬曜)의 이름을 피휘해 '소'라고 고침. 어려서부터 문장에 능했고, 《박혁론(博奕論)》을 편찬했다.

5) 王肅(왕숙) : 삼국 시대의 위나라 학자이자 정치가. 18세에 《태현경》을 읽고 새롭게 이해할 수 있었다. 많은 경서를 주석하고 신비적인 색채를 실용적인 해석으로 대체했으며, 정현의 예학(禮學) 체계에 반대해 《성증론(聖證論)》을 지었다.

6) 陶侃(도간) : 서진 시대의 무장. 도연명의 증조부. 흉노의 반란인 영가(永嘉)의 난에 무창(武昌)을 지켜 공을 세웠으며, 왕돈(王敦)의 반란을 평정하는 등 진나라 왕실을 위해 충성했다.

투호의 예는 근세에 더욱 정교해졌다. 옛날에 팥을 가득 채운 것은 그 화살이 튀어나가기 때문이다. 지금은 오직 그것이 튀어나오게 하는데, 많으면 많을수록 즐겁다. 이에 의간, 대검, 낭호, 표미, 용수의 명칭이 있다. 그중 가장 기묘한 것은 연화효다. 여남의 주궤는 주홍정의 아들이고, 회계의 하휘는 하혁의 아들인데, 모두 한 번 화살을 던지면 40여 개가 튀어나온다. 하휘는 또한 작은 병풍을 만들어 그 밖에 투호를 놓고 던졌는데, 적중하지 않는 것이 없었다. 업성에 이르러서 광녕왕, 난릉왕 등을 만나니 역시 이 투호 도구를 갖고 있었는데, 전국에서 그것을 던져서 한 번도 적중시킨 사람이 없었다. 탄기 또한 근대의 고상한 놀이로 근심을 해소하기에 때때로 할 만하다.

投壺之禮, 近世愈精. 古者, 實以小豆, 爲其矢之躍也. 今則唯欲其驍[1], 益多益喜, 乃有倚竿 · 帶劍 · 狼壺 · 豹尾 · 龍首[2]之名. 其尤妙者, 有蓮花驍[3]. 汝南周璝[4], 弘正之子,

---

1) 驍(효) : 화살을 던져 도로 튀어나오게 하는 것.

2) 倚竿(의간) · 帶劍(대검) · 狼壺(낭호) · 豹尾(표미) · 龍首(용수) : 화살이 튀어나온 상태를 일컫는 말. 즉 효의 여러 명칭.

3) 蓮花驍(연화효) : 효의 명칭. 구체적인 것은 알 수 없다.

4) 周璝(주괴) : 진나라 사람. 주홍정(周弘正)의 아들.

會稽賀徽[5], 賀革之子, 並能一箭四十餘驍. 賀又嘗爲小障, 置壺其外, 隔障投之, 無所失也. 至鄴以來, 亦見廣寧, 蘭陵[6]諸王, 有此校具[7], 擧國遂無投得一驍者. 彈棊[8]亦近世雅戲, 消愁釋憒, 時可爲之.

---

5) 賀徽(하휘) : 양나라 사람. 용모가 수려하고 말을 잘했다.

6) 廣寧(광녕), 蘭陵(난릉) : 북제 고징(高澄)의 둘째, 넷째 아들.

7) 校具(교구) : 장식된 물건.

8) 彈棊(탄기) : 고대 바둑의 일종. 놀이 방법은 상세하지 않다.

종제(終制) : 장례에 관한 당부

죽음은 인간의 정해진 운명으로 피할 수가 없다. 내가 19세 때 양나라가 난리를 만났고, 그 사이 전쟁의 칼날이 펼쳐진 것이 또한 몇 번이나 되었다. 다행히 복을 입어 지금까지 살아 있다. 옛사람이 말하길, "나이가 쉰이면 단명이 아니다"라고 했다. 나는 이미 60여 세가 되었으므로 마음이 평탄해져 남은 기간이 걱정되지 않는다. 일찍이 풍기의 질병이 있어 항상 돌연 죽게 될 것이 걱정스러워 평소의 생각을 잠시 적어서 너희에게 경계를 삼고자 한다.

死者, 人之常分, 不可免也. 吾年十九, 值梁家喪亂, 其間與白刃[1]爲伍者, 亦常數輩; 幸承餘福, 得至於今. 古人云: "五十不爲夭." 吾已六十餘, 故心坦然, 不以殘年爲念. 先有風氣之疾, 常疑奄然[2], 聊書素懷, 以爲汝誡.

1) 白刃(백인) : 칼, 검 등 칼날이 있는 무기.

2) 奄然(엄연) : 돌연 사망하다.

올해 나이가 들어 질병이 침노하니, 만약 돌연 죽게 되면 어찌 장례를 준비할 것을 요구하겠는가. 어느 날 죽게 되면 목욕만 시켜 주고, 초혼의 예를 수고로이 할 필요 없이 평소의 옷을 입혀 염을 하라. 너희 조모가 세상을 떠날 때에는 세상에 기근이 들어 집안이 궁핍했고, 형제들이 어리고 연약해서 관목이 빈약하고 내부에 벽돌이 없이 묻었다. 나는 2촌 두께의 송관에다 의복 이외에는 어떤 것도 함께 넣지 말고, 관에는 오직 칠성판만 놓아라. 초로 만든 활, 옥으로 만든 돼지, 주석으로 만든 인형 같은 것들은 모두 없애고, 그릇과 기물은 두지 말지니, 비지(碑誌)와 명정(銘旌)은 더욱이 말할 필요가 없다. 관은 별갑거로 운반하고, 흙을 안에다 대어 관을 내리며, 평지로 하고 분묘를 하지 마라. 만약 성묘를 하는 데에 구역을 모르는 것이 두렵다면, 묘지의 전후좌우로 낮은 벽을 쌓으면 언제나 자기만의 표지가 될 것이다. 영연에는 침구를 두지 말고, 삭일 · 망일 · 상일 · 담일의 제사 시에는 흰죽과 맑은 물, 말린 대추만을 두고, 술 · 고기 · 과자 · 과일의 제물은 하지 마라. 친구가 와서 술을 내려 제를 올리려고 하면 모두 거절해라. 너희가 만약 내 마음을 위배해 너희 조모에게보다 더 예를 차린다면 아비를 불효에 빠지도록 하는 것이니 너희가 편안할 수 있겠는가. 불전의 공덕은 여력이 되면

하고, 재산을 탕진해 추위에 떨고 굶지 말지니라. 사계절의 제사는 주공과 공자가 가르친 것으로, 사람들이 가족을 잊지 말고 효도를 잊지 말라는 것이다. 불경 속에서 그것을 구하는 것은 도움이 되지 않는다. 살생으로 제사를 한다면 도리어 죄를 늘리는 것이다. 만약 망극의 은혜에 보답하고 아비를 생각하는 비통한 마음을 드러내고자 한다면, 일상적인 제를 올리는 것 외에 7월 15일 우란분회 때 제를 올리기를 너희에게 바라노라.

今年老疾侵, 儻然[1]奄忽, 豈求備禮[2]乎? 一日放臂[3], 沐浴而已, 不勞復魄[4], 殮[5]以常衣. 先夫人棄背[6]之時, 屬世荒饉, 家塗空迫, 兄弟幼弱, 棺器率薄, 藏[7]內無塼. 吾當松棺二寸, 衣帽已外, 一不得自隨, 床[8]上唯施七星板[9], 至如蠟弩牙·玉豚·錫人[10]之屬, 並須停省, 糧甖明器[11], 故不得

---

1) 儻然(당연) : 앞의 '엄연(奄然)'과 같음. 갑자기 죽음을 가리킴.

2) 備禮(비예) : 상례가 모두 갖추어짐.

3) 放臂(방비) : '사망하다'라는 의미.

4) 復魄(복혼) : 옛날 상례에서 망자의 혼백을 다시 불러들이기 위해 그 사람의 옷을 들고 지붕에 올라가 이름을 부르는 것.

5) 殮(염) : 시체에 옷을 입히는 것.

6) 棄背(기배) : 연장자의 사망을 가리킴.

7) 藏(장) : 분묘.

營，碑誌[12]旒旐[13]，彌在言外．載以鼈甲車[14]，襯土而下，平地無墳；若懼拜掃不知兆域[15]，當築一堵低牆於左右前後，隨爲私記耳．靈筵[16]勿設枕几，朔望祥禫[17]，唯下白粥淸水乾棗，不得有酒肉餠果之祭．親友來餟酹[18]者，一皆拒之．汝曹若違吾心，有加先妣，則陷父不孝，在汝安乎？其內典功德，隨力所至，勿刳[19]竭生資[20]，使凍餒也．四時

---

8) 床(상) : 여기서는 관을 가리킴.

9) 七星板(칠성판) : 시체를 넣는 관에 사용되는 판.

10) 蠟弩牙(납노아), 玉豚(옥돈), 錫人(석인) : 부장품. 각각 초로 만든 활, 옥으로 만든 돼지, 주석으로 만든 인형을 가리킴.

11) 明器(명기) : 부장을 위해 전문적으로 만든 기물.

12) 碑誌(비지) : 비석에 쓰는 문장의 한 형식. 주로 공덕(功德)을 칭송한 것이 많다.

13) 旒旐(유조) : 상구(喪具)의 하나로, '명정(銘旌)', '명기(銘旗)'라고도 하며, 간단하게 말해 운구(運柩) 때 앞세우는 깃발을 가리킨다.

14) 鼈甲車(별갑거) : 영구차. 차의 뚜껑이 자라의 등딱지와 같아 붙여진 이름.

15) 兆域(조역) : 묘지 둘레의 경계.

16) 靈筵(영연) : 망령(亡靈)을 봉양하는 탁자.

17) 祥禫(상담) : 망자(亡者)를 매장한 후에 행하는 의식.

18) 餟酹(체뢰) : 술을 땅에 뿌려 제전(祭奠)을 표시하는 것.

19) 刳(고) : 파내다. 소모하다.

20) 生資(생자) : 생활에 사용되는 재화.

祭祀, 周 · 孔所敎, 欲人勿死其親, 不忘孝道也. 求諸內典, 則無益焉. 殺生爲之, 翻增罪累. 若報罔極之德, 霜露之悲, 有時齋供, 及七月半盂蘭盆[21], 望於汝也.

21) 盂蘭盆(우란분) : 산스크리트어 '울람바나(Ullambana)'의 음역. 음력 7월 15일에 행하는 불교 행사. 이날은 여러 가지 음식을 만들어 조상의 영전에 바쳐 굶어 죽은 귀신에 시주하고, 조상의 명복을 빈다. 남조 양나라 이후 민간에서 크게 유행하기 시작했다.

해설

《안씨가훈(顔氏家訓)》은 북제(北齊) 황문시랑(黃門侍郞) 안지추(顔之推)가 편찬한 것이라고 되어 있다. 즉, 안지추가 북제에 벼슬한 뒤에 집필한 것이다. 그러나 본문에서 수(隋)나라 '개황(開皇)' 연호를 사용하고, 그 무렵의 글자를 피휘(避諱)한 것 등을 통해 볼 때, 이 책은 빨라도 안지추가 사망한 무렵인 수나라 개황 연간에 완성되었을 가능성이 높다. 안지추는 남조(南朝) 양(梁)나라 말기 서위(西魏)의 침입으로 북방으로 옮아가 오랜 세월 다양한 문화를 경험하면서 깨달은 여러 가지 교훈을 이 책을 통해 자손 대대로 전하고자 했다. 따라서 본문 속에는 자식을 어떻게 가르쳐야 하고 형제끼리는 어떻게 지내야 하며, 후처(後妻)에 관한 문제를 비롯해 자기 집안의 크고 작은 일들을 어떻게 다스려야 하는지에 대해서 아주 자상하게 서술되어 있다. 또한 어떠한 성현을 어떻게 본받아야 하며, 무엇을 어떻게 배워야 하는지에 대해서도 기술했을 뿐 아니라, 관직에 나아가서는 어떠한 자세로 직무에 임해야 하며, 한가할 때에는 어떠한 마음가짐으로 살아야 하는지에 대해서도 허심탄회하게 술회하고 있다.

그러나 여기서 한 가지 반드시 유념해 두어야 할 것은 안지추가 이러한 내용을 명령의 어조나 금기의 어기 혹은 강령의 문체로써 남기고 있는 것이 아니라, 일상의 평범한 경험과 직접 보고 들은 사건 또는 당시 민간에서 떠돌던 소문 등을 토대로 각기 한 편의 독립된 이야기로 구성해 전하고 있다는 점이다. 이에 그가 주는 교훈은 성현의 명언이나 종교의 교리처럼 순간 뇌리를 번쩍이게 하는 경각의 깨달음이 아니라, 마치 길거리에서 오가다 만나는 사람들의 언행 속에서 스스로 무언가 화두를 찾아냄으로써 자신을 반추하는 깊은 성찰의 깨달음과 같다고 할 수 있다. 이러한 특징으로 인해, 자신이 죽은 뒤의 장례(葬禮) 문제까지 당부하는 한 개인의 지극히 사적인 가훈서가 그 집안의 후손들에게만 전해진 것이 아니라, 중국의 역대 가훈서 중에서 가장 오래도록, 그리고 가장 광범위하게 읽힌 만인의 가훈서가 될 수 있었다.

또한《안씨가훈》속에는 당시의 세태에 대한 비판과 풍자가 곳곳에 녹아 있는데, 당시 사람들의 호칭이나 피휘 문제를 비롯해 조문(弔問)이나 접객(接客)의 방법 등과 관련된 일상의 소소한 문제 및 신선술이나 불교 등의 종교적인 문제 등을 지적하고 있다. 특히 남방과 북방의 서로 다른 풍속을 비교함으로써 자신의 관점을 제시하는 안지추의 독특한 서술 방법은 각기 다른 지역의 여러 가지 풍습을 엿볼 수 있게 하여 당시의 사회풍속사를 연구하는 데에도 많은 도움을 준다.

그뿐만 아니라 안지추는 '문장' 편을 통해 자신의 문학 이론을 자세하게 논하고 있는데, 이는 양나라 시기 유협(劉勰)이 지은 《문심조룡(文心雕龍)》이나 소통(蕭統)의 《문선(文選)》과 함께 비교해 연구할 수 있는 중요한 자료이기도 하다. 이와 아울러 '서증' 편은 주요 서적에 대한 교감(校勘)의 중요성을 말하고 있는데, 이 또한 남방과 북방이 각기 다른 판본을 일일이 대조해 얻은 경험을 통해 그 오류를 밝힌 것으로, 교감학의 발전에 대한 그의 공헌을 새롭게 알 수 있다. '음사' 편 또한 남북의 서로 다른 발음을 많은 예시를 통해 제시하고 있는데, 이는 당시의 방언 연구나 문자학, 음훈학 등의 연구에 적지 않은 도움을 주고 있다. 바로 이러한 내용들로 인해 《안씨가훈》은 단순한 가훈서가 아니라 하나의 전문 비평서로서 인정받아 끊임없이 중시될 수 있었다. 물론 안지추가 '가훈'이라는 이름으로 이러한 내용을 실은 것은 후손들에게 학문을 하는 방법을 직접 보여 주기 위함이었을 것이다. 다만 그 내용이 다소 전문적이라는 것을 감안해 여기서는 그중 가장 대표적인 것만 실었다.

마지막으로 《안씨가훈》이 중국의 가훈사에서 차지하는 의미를 생각해 보지 않을 수 없다. 중국의 가훈서는 위진남북조(魏晉南北朝) 시대에 대거 등장한다. 삼국 시대 제갈량(諸葛亮)의 《계자서(誡子書)》, 혜강(嵇康)의 《가계(家誡)》, 동진(東晋) 시대 도연명(陶淵明)의 《책자(責子)》, 유송(劉宋) 시대 왕승건(王僧虔)의 《계자서(誡子書)》 등은 모두 중국 가훈서의 모태다. 안지추의 《안씨가훈》은 이러한 일련의 분위기 속에서 출현했으며, '가훈'이라는 말을 일반화해 후대에 많은 영향을 미쳐 오늘날까지 변함없이 가훈의 비조로 손꼽힌다.

이와 같이 《안씨가훈》이 당대 이래로 끊임없이 유통되며 중시된 이유를 여러 가지 측면에서 찾을 수 있겠지만, 그래도 그중 가장 큰 요인은 서로 다른 것에서 융합을 찾고, 각기 다른 것에서 통합을 일구고자 부지런히 힘쓴 안지추의 고민과 노력에 있지 않을까 한다. 즉 안지추가 살았던 시대는 남쪽의 한족과 북쪽의 이민족이 장기간 대치하던 혼란한 시대로, 그는 자신의 고국인 양나라가 서위의 침입으로 무너지는 망국의 아픔을 경험했으며, 오랫동안 북쪽의 이국에서 낯선 문화를 접하며 살았다. 이러한 대전란의 시대를 살다 간 안지추는 남방과 북방의 서로 다른 문화를 경험하면서 어느 한쪽을 편벽되게 고집하지 않고 그 차이 속에서 진실로 옳고 참된 것을 좇아 끊임없이 고증했다. 그리하여 《안씨가훈》에는 유 · 불 · 도 사상이 두루 포괄되어 있고, 정치 · 사회 · 교육 · 언어 · 문학 · 예술 등 각 방면에서 무엇이 가장 옛 도리에 가까운지를 알려주고 있다. 따라서 《안씨가훈》을 읽으면 남북조 시대의 다양한 풍모를 더없이 실감나게 엿볼 수 있으며, 당시 사람들이 사용한 속언이나 방언 등도 인용하고 있어 그 풍미를 한층 더 새롭게 맛볼 수 있다.

《안씨가훈》의 현존하는 가장 이른 판본은 원대(元代) 염대전(廉臺田)이 송(宋)나라 순희(淳熙) 연간의 대주공고본(臺州公庫本)을 중인(重印)한 것이다. 순희 7년에 간행된 판본에는 심규(沈揆)의 《안씨가훈고증(顔氏家訓考證)》 1권이 부록으로 붙어 있어 선본(善本)으로 널리 보급되었다. 명청대(明淸代)에는 인쇄술이 급속히 발전해 판각이 보편화되었는데, 여기에 명대 가학(家學)의 유례없는 흥성과 가훈을 중시하는 시대적 기풍이 맞물려 《안씨가훈》 역시 수차례 간행되었다. 명청대의 많은 문인들은 《안씨가훈》을 고금 가훈의 비조로 손꼽으며 다양한 가훈류 서적을 편찬했다. 그러나 이렇게 유행하던 사이, 본래 송본의 7권 20편이 명청대에는 대개 2권으로 간행되었으며, 더욱이 수많은 이본이 속출했다. 이에 왕리치(王利器) 선생은 1980년 상해고적출판사(上海古籍出版社)를 통해 청나라 노문초(盧文弨)의 포경당본(抱經堂本)을 저본으로 하고, 전대의 주요한 판본을 꼼꼼하게 교감해 완성한 《안씨가훈집해(顏氏家訓集解)》를 출간했는데, 이는 현재 가장 널리 사용되고 있는 표점본(標點本)이다.

이 책은 전체 원문의 약 40%에 해당하는 내용을 발췌 번역했다. 각 편의 분량을 고려하면서 일반 독자에게 유익하다고 생각되는 부분을 중심으로 가려 뽑았다. 주석은 인물 · 지명과 역사적 사건 및 어려운 자구를 중심으로 꼭 필요한 내용만 간단명료하게 설명했다. 원문을 가능한 한 직역하면서도 의미가 잘 통하도록 가다듬고자 노력했는데, 간혹 내용의 이해를 원활하게 하기 위해 전후 문장에 근거해 첨언을 한 곳도 있다. 원문과 문장부호는 2002년 북경(北京) 중화서국(中華書局)에서 증보해 출판한 왕리치의 《안씨가훈집해》에 의거했다. 그 외 1993년 대만(臺灣)의 삼민서국(三民書局)에서 출판한 리전싱(李振興) · 황페이룽(黃沛榮) · 라이밍더(賴明德)의 역주본 《신역안씨가훈(新譯顔氏家訓)》 및 기존의 한글 번역본을 두루 참고하면서 오역을 줄이고자 힘썼다. 아울러 이 책의 출간을 흔쾌히 받아 주시고 초역을 꼼꼼하게 읽고 많은 의견을 주신 지식을만드는지식 편집부에 진심으로 감사를 전한다. 동서양의 다양한 고전을 우리 생활 속에서 좀 더 쉽게 찾을 수 있고, 좀 더 가깝게 느낄 수 있도록 하기 위한 이러한 헌신적 노력에 미천한 역자가 조금이라도 보탬이 되기를 빌어 본다.

경인년(庚寅年) 가을! 한 잎, 두 잎, 쌓여 가는 낙엽을 마음의 거름으로 삼으며 여기 옛 성현의 가르침을 조심스레 추려 보았다. 지난 1년 동안 틈틈이 시간을 쪼개며 만난 안지추의 교훈은 나에게 참된 배움의 도리를 돌아보게 했다. 그는 시종일관 부드럽고 감미로운 목소리로 가르침을 베풀어 주었다. 그의 말 속에는 모든 사물에 대한 관심과 사랑이 녹아 있어 조금도 싫증이 나지 않았다. 단 한 번도 자신을 내세우고자 하지 않았기에 자꾸만 그 이야기를 듣고 싶었다. 또한 그의 글 속에는 예나 지금이나 기회주의적인 현실 속에서 어떻게 살아야 하는가에 대한 해법이 담겨 있다. 조금이라도 편벽되지 않고 균형을 유지하며 관조할 수 있는 그의 안목이 예사롭지 않다. 이렇게 내 삶의 큰 스승을 만나게 되다니, 이 가을이 그 어느 때보다 풍요롭다.

지은이에 대해

안지추(顔之推, 531~591)는 양(梁) 무제(武帝) 중대통(中大通) 3년(531) 강릉[江陵, 현 후베이성(湖北省) 장링현(江陵縣)]에서 태어나, 수(隋) 문제(文帝) 개황(開皇) 11년(591) 60세를 일기로 세상을 떠났다. 낭야임기[琅琊臨沂, 현 산둥성(山東省) 린이시(臨沂市)]의 명문대가의 자제로서, 9세 때 부친을 여의었으나 두 형의 애틋한 보살핌과 엄한 가풍 속에서 자라났다. 공자(孔子)의 애제자인 안회(顔回)가 그의 먼 조상이라 할 수 있으며, 9대조 안함(顔含) 때 사마씨(司馬氏) 정권을 따라 강남(江南)으로 내려왔다. 조부 안견원(顔見遠)은 박학다식해 제(齊)나라의 주요 관직을 지내다가, 제 · 양 교체기에 소연(蕭衍)의 반역을 반대하고 제나라에 대한 절의를 주장하며 단식하다가 사망했다. 부친 안협(顔勰)은 양나라 상동왕(湘東王) 소역(蕭繹)의 진서부자의참군(鎭西府諮議參軍)을 지냈으며, 여러 서적을 두루 섭렵하고 초서(草書)와 예서(隸書)에 뛰어나 형초(荊楚) 지역의 비문 가운데 그가 쓴 것이 많다. 부친의 뛰어난 서예 재능을 물려받아서인지 안지추

역시 어릴 때부터 서예에 남다른 관심을 보였으나 잡예에 지나치게 몰두해 세상의 부름을 받는 것을 그다지 중시하지 않고 유학에 힘써 정진하는 것을 중요하게 생각했다.

안지추는 오랜 가학을 이어받아, 《주관(周官)》, 《좌씨전(左氏傳)》에 정통했다. 12세에 일찍이 소역의 문도가 되기도 했지만, 노장(老莊)의 현담(玄談)을 별로 좋아하지 않아 바로 돌아와 다시 가학에 깊이 몰두했다. 그는 어려서부터 총명하고 박식했으며, 특히 문자학에 밝아서 여러 서적을 교감(校勘)하는 데에도 상당히 조예가 깊었다. 《안씨가훈》의 제17장 〈서증(書證)〉 편은 교감학(校勘學)에 대한 그의 이런 집념을 보여 준다. 그 외 음훈학(音訓學)에도 많은 관심을 기울여 각종 기물(器物)에 대한 이름 및 발음 등을 세심하게 고증했다. 그의 성격은 대체로 호탕하고 거리낌이 없으면서도 절도가 있었던 듯하다. 술을 좋아했지만 흐트러짐이 없었으며, 20세가 되기 전에는 용모에도 별다른 신경을 쓰지 않았다 하니 소탈하게 성장한 것으로 보인다.

안지추는 처음 양나라에 벼슬해 상동왕 소역의 좌국상시(左國常侍)를 시작으로 진서묵조참군(鎭西墨曹參軍)을 지내고 산기시랑(散騎侍郞)의 관직에까지 올랐다. 후경(侯景)의 난 때는 약 4년간 포로 생활을 하다가 풀려났으며, 승성(承聖) 3년(554) 서위(西魏)가 침공하자 다시 포로가 되어 북방으로 이송되었다. 그 후 양나라가 멸망했다는 소식을 접하고서는 북제에서 벼슬해 중서사인(中書舍人), 황문시랑(黃門侍郞) 등의 주요 관직에 올랐다. 그러나 북제는 다시 북주(北周)에 의해 멸망했고, 그는 또 한 번의 포로 생활을 겪은 뒤 북조의 정권에서 어사상사(御史上士)의 벼슬을 지냈다. 이러한 그의 끊임없는 정치적 부침은 수나라 양견(楊堅)이 북조를 멸망시키고 천하를 통일하면서 일단락되고, 그는 태자의 학사(學士)로 부름을 받지만 얼마 지나지 않아 병으로 생을 마감했다. 이렇게 그는 일생 동안 세 차례의 포로 생활과 세 차례의 망국을 경험하면서 무려 네 왕조에 나아가 벼슬했다. 그는 어지럽고 혼란한 시대를 살면서도 원망하거나 불평하지 않고 그 속에서 올바른 옛 도리를 찾으려고 노력했다. 그의 이러한 고된 경험은 수나라의 전국 통일 이후 남북의 서로 다른 문풍을 융합해 발전시키는 데에 중요한 바탕이 되었다.

안지추는 생전에 《문집(文集)》 30권을 남겼으나 현재 전하지 않는다. 현존하는 것으로는 《가훈》 20편 외에 《환원지(還冤志)》 3권이 있으며, 《북제서(北齊書)》와 《북사(北史)》에 그의 전기가 기록되어 있다. 송대 무월(繆鉞)의

《안지추 연보(顔之推年譜)》에 따르면, 안지추는 사로(思魯), 민초(敏楚), 유진(游秦)이라는 세 명의 아들을 두었으며, 이들에게 근본을 잊지 말고 학업에 힘쓸 것을 일깨우고자 《안씨가훈》을 남겼다. 사로의 아들이자 안지추의 손자 안사고(顔師古)는 당나라 초기의 이름난 학자로 문자학과 경학에 두루 정통해 《오경정의(五經正義)》 편찬에 참여했다. 당나라 중기의 저명한 서예가 안진경(顔眞卿)은 그의 5대손이다.

옮긴이에 대해

박정숙은 계명대학교 중국어문학과를 졸업하고 난징대학에서 박사 학위를 취득했다. 중국 고전 문학에 대한 폭넓은 시야를 바탕으로 실질적인 문헌 자료의 해독에 많은 관심을 기울이고 있다. 현재는 경상대학교 박사급연구원으로 프로젝트 연구에 참여하고 있으며 계명대학교에서 강의하고 있다. 주요 논저로 《체계적으로 이해하는 중국의 고전목록학》, 《안씨 가훈》, 《중국 명기 시선》 등을 비롯해 〈육조(六朝) '공연시(公宴詩)'와 문인집회(文人集會), 그리고 세시절기(歲時節氣)〉, 〈문헌자료를 통해 다시 살펴 본 중국의 해신 '마조(媽祖)'의 원형 : 시 작품의 분석을 중심으로〉, 〈명대 《청루운어》의 편찬 의의〉, 〈허학이(許學夷)와 《시원변체(詩源變體)》의 편찬 및 출간〉 등이 있다.

원서발췌 안씨가훈

지은이 안지추
옮긴이 박정숙
펴낸이 박영률

초판 1쇄 펴낸날 2019년 1월 18일
개정1판 1쇄 펴낸날 2025년 8월 25일

커뮤니케이션북스(주)
출판등록 제313-2007-000166호(2007년 8월 17일)
02880 서울시 성북구 성북로 5-11
전화 (02) 7474 001, 팩스 (02) 736 5047
commbooks@commbooks.com
www.commbooks.com

ⓒ 박정숙, 2025

지식을만드는지식은
커뮤니케이션북스(주)의 고전 출판 브랜드입니다.
이 책은 저작권자와 계약해 발행했으므로, 본사의 서면 허락 없이는
어떠한 형태나 수단으로도 이 책의 내용을 이용할 수 없습니다.

ISBN 979-11-430-1035-3 03820

책값은 뒤표지에 있습니다.